本書に登場する主な雑草

❶オオバコ

あえて困難な環境に身をおく、「踏まれるスペシャリスト」の戦略とは？(67ページ)

❷カタバミ

小さな目立たない雑草に、なぜ多くの戦国武将が魅せられたのか？(89、211ページ)

❸スズメノテッポウ

畑と田んぼで生き残り策を巧みに変えるチャレンジャーの姿とは？(139ページ)

❹オナモミ

「せっかち屋」？「のんびり屋」？ ひっつき虫の種子に隠された秘密とは？(141ページ)

❺ミゾソバ

美しい花の下の地中に隠された、生き残るためのもう一つの武器とは？（147ページ）

❻スズメノカタビラ

ゴルフ場の雑草はなぜ、「役に立たなそうな能力」を持ち続けるのか？（152ページ）

❼セイタカアワダチソウ

毒でライバルを蹴落とし、一人勝ちをたくらむ戦略は成功するか？（185ページ）

❽ネナシカズラ

巧みな生き残り策にも見えるパラサイト（寄生）だが、続けるとどうなる？（190ページ）

雑草という戦略

予測不能な時代をどう生き抜くか

農学博士／静岡大学教授
稲垣栄洋

日本実業出版社

はじめに

そこらへんに勝手に生えてきて、踏まれたり、抜かれたりしている植物を、私たちは「雑草」と呼ぶ。

しかし、雑草は何となく生えているわけではない。

雑草の生えている場所を思い返してほしい。

道ばた、空き地、公園や畑や庭……

雑草が生えている場所は、植物が生える場所としては、かなり特殊な環境である。

これらの場所に共通することは何だろう。

いつ草取りされるかわからない。踏まれることもある。草刈りされることもある。つまり、「予測不能な激しい変化が起こる場所」なのである。そのような場所で、植物が生えることは簡単ではない。道ばたや空き地に生えるのは、じつは大変なことなのだ。

「雑草」と呼ばれる植物は、そんな過酷な環境を選んで生えている。

じつは雑草は、特殊な環境に適応して、特殊な進化を遂げた、特殊な植物なのである。

何でもない草が、何でもなく生えているわけではない。雑草として生えるのは、大変なことなのだ。

現代は、「ＶＵＣＡ（ブーカ）の時代」と言われる。

ＶＵＣＡとは、Volatility（変動性）、Uncertainty（不確実性）、Complexity（複雑性）、Ambiguity（曖昧性）の頭文字を並べた言葉である。ＶＵＣＡはもともとは軍事用語であったが、二一世紀になってから、ビジネス用語としても用いられるようになった。

時代の変化のスピードは加速するばかりだ。もはや予測不能であるし、世の中は不確実や不透明なものであふれている。何とも大変な時代になったものだ。

もう一度、言おう。

雑草が得意としている特殊な環境は「予測不能な激しい変化が起こる場所」である。

もし、私たちが生きている現代が、予測不能な変化の時代なのだとしたら……

雑草の戦略が役に立たないはずがない。

目次　『「雑草」という戦略』

I 「雑草」という戦略

第1章 植物という世界のイノベーション

Ⅱ

「雑草」の成功法則

第4章 雑草の成功法則「逆境」

第5章 雑草の成功法則「変化」❶

――変化するために必要なもの

第6章

雑草の成功法則「変化」②

――変化とはチャンスである

第7章

雑草の成功法則「変化」③

――時代の変化に対応する

Ⅲ 「雑草」という哲学

第11章 雑草と日本人

I

「雑草」という戦略

「雑草は、もっとも進化した植物である」と言われている。
そんなバカな、と思う読者の方も多いことだろう。

何しろ、雑草はそこら中に生えている、もっとも身近な植物である。そして、踏まれたり、抜かれたりしているつまらない植物である。

その雑草が、もっとも進化した植物などということがあるのだろうか。

進化した植物というものは、地球のどこかの秘境のような場所にあるのではないだろうか。

さにあらず、雑草こそがもっとも進化した植物である。

もっとも進化したものは、もっとも身近なところにある。そして、もっとも進化したものが、もっとも地べたに近いところで花を咲かせているのである。

いったい、どういうことなのだろう。

植物は、どのようにして進化を遂げてきたのだろう。

そして、どのようにして「雑草」という形にたどり着いたのだろう。

悠久の時間の中で、地球の環境は大きく変貌を遂げてきた。
そして、植物はその変貌を、乗り越えてきたのだ。
そこには壮大なドラマがある。そのドラマの末に、道ばたの小さな雑草があるのだ。

雑草は、もっとも進化した植物である。
そして、雑草の生き方とは、もっとも進化した戦略である。

まずは植物の進化の歴史をたどりながら、雑草の戦略について見てみることにしよう。

第1章

植物という世界のイノベーション

小よく大を制す

■大きいことは良いことだ

かつて、「大きいことは良いことだ」という時代が、間違いなくあった。

これは企業やビジネスの話ではない。

植物の世界の話である。

植物は、大きい方が有利である。何しろ、植物は光を受けて光合成をしなければ、生きていくことができない。隣の植物よりも大きい方が、より高い位置で光を存分に受けることができる。大きいということは、それだけ競争力が強いということなのだ。

大きい方が有利である。

他の植物の影に入っては、十分に光合成をすることができない。そのため、隣の植物も、もっともっと大きくなろうと背を伸ばす。

こうして、植物たちは、競い合って大きくなろうとするのだ。

恐竜の時代がまさにそうである。

恐竜の時代には、巨大化した植物が森を作っていた。

植物にとって体が大きいということは、他にも良いことがある。

植物をエサにしようと、草食の恐竜がやってくる。背が高く、高いところに葉を茂らせていれば、食べられずに身を守ることができるのだ。

もちろん、それでは草食恐竜も絶滅してしまうから、恐竜は恐竜で背の高い植物を食べられるように、体を大きくしていった。

植物は、大きくなった恐竜に食べられないように、ますます大きくなる。そして、恐竜は大きくなった植物を食べるために、さらに大きくなる。

こうして、植物と恐竜は、競い合うように巨大化していった。

こうなると、巨大化の競争は止まらない。

とにかく、巨大な者が有利である。植物たちは、ライバルとなる他の植物や敵である草食恐竜と競争を繰り広げ、巨大化の道を進んでいったのである。

■安定した時代の終焉

自然界は競争社会である。強い者が勝つ、それが競争社会だ。強くなるためには、大きくなることが効果的だ。とにかく、巨大であることが強さの証しなのだ。

植物と巨大化競争を繰り広げる中で、草食恐竜はブロントサウルスに代表されるような、首の長い恐竜が進化を遂げる。植物どうしだけでなく、植物と恐竜も、大きさを競って拡大競争を続けていったのである。

大きい者は圧倒的に有利である。大きいことが、強いこととイコールなのだ。

そのはずだった。

ところが、やがてそんな時代が、終わりを告げる。

じつは恐竜の時代の終わりごろになると、植物の世界に、ある「イノベーション」が起きる。

それが、「草」である。

草は、大きくなることはない。地面に近いところに生えるだけである。

「大きいことこそが、良いことだ」という従来の価値観を、草というイノベーションは、完全に覆した。まさに新しい時代が到来したのである。

■イノベーションが恐竜をも変えた

「草」という新しい価値観と新しい戦略は、恐竜のスタイルも大きく変えた。

白亜紀になると、首の短い恐竜が登場するのだ。

子どもたちに人気のトリケラトプスは、その典型である。

トリケラトプスは、首が短い。これでは、高い木の葉を食べることができない。しかし、これこそが、地面に生える草を食べるために進化をした姿である。

トリケラトプスの姿は、草を食べるウシやサイに似ている。

新たに生まれた「草」というスタイルに対応するために、恐竜もまた大きな変革を遂げたのだ。

どんなに変化する世の中でも、自分から落伍してはだめだ

――平塚常次郎――

■木よりも草が新しい？

単純な構造をした小さな「草」よりも、複雑に枝を茂らせる「木」の方が、より進化しているように思えるがそうではない。

確かに、進化の歴史で地上に最初に上陸した植物は、コケのような小さな植物であった。しかし、シダ植物に進化をする過程で、間もなく植物は巨大化し、深い森を作った。

そして、私たちが一般に「草」と呼ぶ草本《そうほん》植物は、巨大化した木が新しい時代に進化を遂げたスタイルなのである。

それにしても、どうして巨大で立派な木から、小さな草に進化を遂げたのだろうか。

恐竜が繁栄した時代は、気温も高く、光合成に必要な二酸化炭素濃度も高かった。植物

の成長にとって、恵まれた環境だったのだ。そのため、植物も成長が旺盛で、巨大化することができたのである。

しかし、やがてそんな時代は終焉を迎える。そして、「環境が変化する」時代が訪れるのである。

この頃になると、マントル対流によって、それまで地球上に一つしかなかった大陸が、分裂し、移動するようになった。

分裂した大陸と大陸とが衝突すると、ぶつかった歪みが盛り上がって、山脈を作る。すると山脈にぶつかった風は雲となり、雨を降らせるようになる。

こうして地殻変動が起こることによって、気候も変動し、不安定になっていったのである。

山に降った雨は、川となり、土砂を運び、やがて下流に堆積して三角州を築いていく。草が誕生したのは、このような三角州であったと考えられている。

新たな時代に誕生した「三角州」という環境はじつに不安定である。

何しろ、いつ大雨が降り、洪水が起こるかわからない。川が氾濫して土砂を削り取ったかと思えば、再び氾濫して、今度は土砂を堆積する。川の流れは、まったくの気まぐれなのだ。

そんな環境では、ゆっくりと時間を掛けて大木になっている余裕はない。

そこで、短い期間に成長して花を咲かせ、種子を残して世代交代する「草」が発達していったのである。

「大きいことは良いことだ」と言われた時代から、「スピードと変革の時代」へと時代は移り変わっていったのである。

■進化を可能にしたもの

このような「草」という画期的な進化は、どのようにして実現したのだろうか。

じつは、ある画期的なイノベーションが、植物の進化を一気に加速させたのだ。

それが、裸子《らし》植物から被子《ひし》植物への進化である。

学校の理科の教科書では、裸子植物は「胚珠《はいしゅ》がむき出しになっている」のに対して、被子植物は「胚珠が子房《しぼう》に包まれ、むき出しになっていない」と書かれている。

裸子植物は胚珠がむき出しになっているから「はだか」の文字が使われた「裸子」と名付けられ、被子植物は胚珠が包まれているから、「かぶる」の文字が使われて「被子」と名付けられているのだ。

胚珠がむき出しになっているかどうかという違いが、そんなに重要なことなのか、と理科の授業のときには思ったかも知れない。

しかし、この違いこそが、植物の進化にとってイノベーションだったのである。

胚珠は、種子の基になる大切な器官である。胚珠の中にはメスの卵細胞がある。そして、花粉がやってくると花粉の中の精細胞と胚珠の中の卵細胞が受精をする。こうして、植物の種子が作られるのである。

植物にとって、胚珠は次の世代となる大切な器官である。それなのに、裸子植物は、どうして大切な胚珠をむき出しにしているのだろうか。

胚珠が種子になるためには、花粉と受精しなければならない。風で飛んでくる花粉をキャッチして受精しようとすれば、胚珠を外側に置いておかなければならないのだ。とはいえ、成熟した卵細胞をいつまでも外の空気にさらしておくことはできない。そのため裸子植物は、やってきた花粉を一度、取り込んでから胚珠を成熟させるのである。

注文を受けてからウナギをさばき始める老舗《しにせ》のうなぎ料理屋のようなものだ。

そのため、花粉が胚珠にたどりついてから受精をするまでに、数ヶ月から一年以上を必要とするのである。

一方、新しいタイプである被子植物はどうだろう。

被子植物はスピードで勝負！

裸子植物

むき出しの胚珠が
花粉を取り込んでから
成熟する

たとえると

注文を受けてからさばく
老舗のうなぎ屋

被子植物

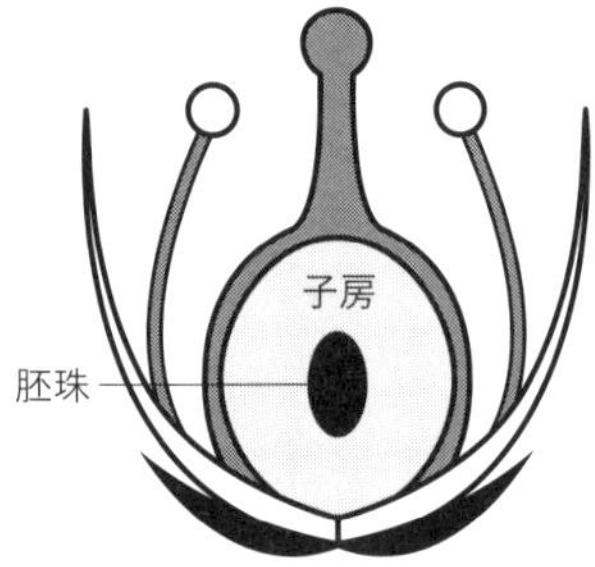

子房に包まれた胚珠が
成熟した状態で
花粉を取り込む

たとえると

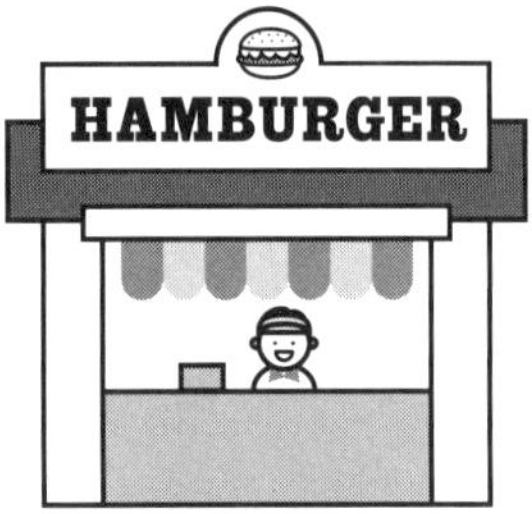

作り置きの
ファストフード店

被子植物は、胚珠が子房で包まれているため、安全な植物の体内で受精することができる。そのため、植物は花粉がやってくる前から、胚珠を成熟させた状態で準備しておくことができるのである。

注文を受ける前から、作り置きしてあるファストフード店と同じである。

そして、花粉がやってくれば、すぐに受精を行うのである。そのため、花粉がめしべについてから受精が完了するまでの時間は遅くとも数日。早ければ数時間で受精を完了してしまう。それまでは一年を要していたものが、あっという間に受精が完了するのである。何と言う劇的なスピードアップだろう。

こうして被子植物は次々に種子を作り、短い期間で世代交代を進めていった。世代交代が進めば、それだけ進化が進むことになる。

こうした進化のスピードアップによって、植物は「草」というまったく新しいスタイルを生み出したのだ。

■恐竜を追い詰めた植物

恐竜時代の終わり頃に出現したトリケラトプスなどの草食恐竜は、ウシのように地面の上に生えた草を食べるように進化を遂げた。

進化から取り残された他の草食恐竜たちは、どうしたことだろう。

被子植物が地球を支配するようになると、裸子植物は寒い高緯度地域へと追いやられていった。そして、裸子植物をエサにしていた恐竜たちもまた、寒い地域へと移動を強いられたと考えられている。

しかし、それだけでは終わらなかった。

スピードアップを果たした植物の進化は止まらない。被子植物は短いサイクルでさまざまな工夫を試みて、変化を遂げていく。

中には、草食恐竜に食べられないように、アルカロイドなどの毒性のある化学物質を発達させる植物も現れた。トリケラトプスなど草を食べるように進化を遂げた草食恐竜は、植物が作りだす毒性物質に対応することができずに、消化不良を起こしたり、中毒死してしまったのではないかと推察されている。白亜紀末期の恐竜の化石を見ると、器官が異常に肥大したり、卵の殻が薄くなるなど、中毒を思わせるような深刻な生理障害が見られるのだ。そして、恐竜時代の終わり頃になると、トリケラトプスなどの角竜《つのりゅう》と呼ばれる恐竜の仲間も、次第に種類が少なくなっていく。

恐竜絶滅の原因は小惑星の衝突であると考えられている。しかし、植物の進化のスピードが上がるにつれて、時代の移り変わりに対応できなかった恐竜たちは、次第に追い詰められ、滅亡への道を進んでいったのである。

さらに変化は大きくなる

変化に対応するために、植物は「草」というスタイルを進化させた。

やがて、氷河期になるとさらに環境は変化するようになった。

氷河は大地を削り、地形を変化させていく。氷河が溶ければ、川となって大地に氾濫する。氷河の傍らの変化の大きな環境に適応して進化を遂げたのが、雑草の祖先となる植物であると考えられている。

雑草の祖先は、氷河が作り出す特殊な環境に適応して進化を遂げた、特殊な植物だったのである。

やがて、地球にさらなる環境の変化をもたらす事件が起こる。

地球の歴史上、最強にして、最悪の生物が誕生するのだ。その生物は、地球の環境を次々に改変していった。

その生物こそが「人間」である。

人間は森を切り開いて村を作り、大地を耕して畑を作った。それまでの自然環境では起こらないような予測不能な変化が、しかも頻繁に引き起こされる。変化の大きさと頻度はそれまでの比ではない。

この極めて特殊な「変化する環境」に適応したのが、俗に「雑草」と呼ばれる植物群である。

何でもない草が、何気なく生えているわけではない。

雑草は、人間が作り出した「予測不能な変化」に適応して、特殊な進化を遂げた特殊な植物なのである。

戦略なき成功はない

いよいよ、本書の主人公である「雑草」の登場である。

しかし、「雑草の戦略」を語る前に、まずは自然界を生き抜く「生物の基本戦略」と「植物の戦略を組み立てる要素」について、説明をしておきたい。

雑草や植物の話をするのに、「戦略」などというと、ずいぶん大袈裟に思えるかも知れないが、そうではない。

自然界は厳しい競争の世界である。

激しい生き残り競争が繰り広げられ、そこを勝ち抜かなければ自然界に居場所は与えられない。そんな厳しい競争の世界である。

そこでは、人間のビジネスの世界よりも、ずっと厳しい生存競争が行われているのだ。

生物たちは、もう何億年もの昔から、そんな競争を繰り広げてきた。

私たちの目の前にいる生物たちは、そんな競争を戦い抜き、勝ち続けてきた者たちばかりである。そんな生物に「戦略」がないはずがないではないか。

そして、そんな戦略の一つに、「雑草」という戦略もあるのである。

それでは、まず生物の基本戦略から、話を進めることにしよう。

オオバコ

第2章

生物にとって「強さ」とは何か？

善く戦う者は、勝ち易きに勝つ者なり

——孫子の兵法——

■戦略はいくつもある

「草」は新しい時代に生まれた、より進化したスタイルである。

「木」は、古い時代のスタイルである。

しかし、だからといって、「木」がダメだということにはならない。

もし、「木」というスタイルが、まったくダメであったとしたら、木は地球上から滅んでなくなっているはずである。

しかし、自然界には草だけでなく、木もたくさんある。

木と草は、どちらが有利なのだろう。

こう考えること自体が、すでに間違いである。

自然界での戦略の正解は一つではない。

木という戦略も、草という戦略も、自然界ではどちらも正解である。

ただし、環境や状況によって草という戦略が有利であることもあれば、木という戦略が有利であることもある。草という戦略が有利な場所は草原となり、木という戦略が有利な場所は森林となる。

木が森林に生えるわけではない。草が草原に生えるわけではない。

木が有利な場所に木が生える。草が有利な場所に草が生える。そして、そこが森林となり、草原となるのだ。

どちらの戦略が優れているかということではなく、どのような場所で生えるのかということが大切なのだ。

■得意なところで勝負する

ビジネスには「コア・コンピタンス」という言葉がある。

コア・コンピタンスとは、「他者を圧倒的に上回る際立った能力」や「他者に真似できないような核となる能力」を指す言葉である。

ビジネスの世界において、コア・コンピタンスを持ち、それを発揮することは極めて重要であると言われている。得意なところで勝負しろ、ということなのだ。

もっとも、「そうは言っても……」と感じている読者も多いだろう。

多くの企業がしのぎを削っている中で、コア・コンピタンスなど簡単に見つかるはずもない。コア・コンピタンスなどなくても、目の前の競争に勝つことが大事なのではないか、そう思ってしまうかも知れない。

しかし、本当にそうだろうか。植物だけでなく、生物全体の世界に目を転じてみよう。

生物の世界についていえば、コア・コンピタンスこそが、戦略でもっとも重要であると言っていい。

自然界を見渡せば、すべての生物がコア・コンピタンスを持っている。そして、コア・コンピタンスを持たない者は地球上に存在することはできない。

少なくとも、理論上はそうであると考えられているのだ。

ただし、生物の世界では、それは「コア・コンピタンス」という言葉ではなく、「ニッチ」という言葉で表されている。

■「ニッチ」は「すき間」ではない

「グローバルニッチ」や「ニッチトップ」というように、ニッチはビジネスの世界でもよく使われる言葉だ。

ビジネスの世界では、「ニッチ」は「すき間」という意味合いで使われる。

たとえば、大企業がしのぎを削っている分野であっても、大企業が相手にしないようなすき間がある。それがニッチだ。あるいは、他の企業が気が付かないような商品や部品に特化する。それがニッチ戦略である。

ただし、ビジネスの場面で用いられる「ニッチ」という言葉は、もともと生物学の用語である。それが、次第にビジネスの世界でも使われるようになったのだ。

生物学では、「ニッチ」は「生態的地位」と訳されている。

私は、これを「ナンバー1になれるオンリー1の場所」と呼んでいる。

じつは生物の世界では「ナンバー1しか、生き残れない」という明確な鉄則がある。

これは、生物の「種と種の競争」の話である。

たとえば、Aという種とBという種とが、エサ場を巡って激しく競争したとしよう。生物の世界の競争は厳しい。どちらかが滅びるまで競争は続く。その結果として、勝者が生き残り、敗者は滅んでしまう。ナンバー1が生き残り、ナンバー2が滅びる。それが、自然界の鉄則である。

AかBのいずれかの種のみが生き残り、AとBとが共存することはありえないのだ。

これが、自然界の競争である。

しかし、不思議なことがある。

「ナンバー1しか、生き残れない」のが自然界の鉄則であるとすれば、世の中にはたった一種類の生物種しか存在しないことになる。

それなのに、どうして自然界にはたくさんの生物がいるのだろう。

■ナンバー1になれるオンリー1の場所

じつは、ナンバー1になる方法は一つではない。

あるエサを巡ってはナンバー1、ある生息場所を巡ってはナンバー1、ある季節であればナンバー1、ある時間であればナンバー1、というように、同じ場所であってもナンバー1になる方法はいくらでもあるのだ。

こうして、すべての生物がナンバー1になっている。

自然界にたくさんの生物がいるということは、すべての生物がナンバー1ということになる。ナンバー1を分け合っているのだ。

ナンバー1を分け合っているといえば、仲良く共存しているように思えるかも知れないが、そうではない。「ナンバー1しか、生き残れない」が鉄則である。そこでは、常に激しい競争が行われている。どこかの部分でナンバー1でなければならない。そのためには、どこかの部分では勝たなければならない。それが生物の世界である。

ある生物がナンバー1になる方法はたくさんある。しかし、その生物がナンバー1になれる場所は、その生物だけのものである。このナンバー1になれる場所がニッチである。つまり、「ナンバー1になれるオンリー1の場所」である。

生物の競争は、ニッチを巡る戦いであると言っていい。ニッチだけは譲ることはできない。ニッチを失ってしまった者は、地球上から滅びてしまうのだ。

どこかでナンバー1にならなければならない。どこかで負けない部分がなくてはいけない。生物のニッチは、まさに企業のコア・コンピタンスである。

もし、生物の世界とビジネスの世界が同じであるのだとすれば、コア・コンピタンスこそが生き残りのために、もっとも大切なものとなるはずである。

■「飛べない」ではなく「飛ばない」

ナンバー1になるニッチを獲得するために、大切なことは何だろう。

それは、「自分の得意なところで勝負をする」ということに尽きるだろう。

同じ能力であっても、環境によってその能力は大きく変わってしまう。

たとえば、泳ぐのに適して進化を遂げた魚も、陸にあげられればピチピチとはねることしかできない。能力を発揮できる場所でなければ、ダメな生物になってしまうのだ。

陸上を速く走ることのできるダチョウが、空を飛ぶ鳥をマネしようとすれば、ダメな鳥になってしまう。

飛ぶことを夢見るよりも、飛ぶことを捨てて、その分、誰よりも速く走る脚力を手に入れる。これがニッチを獲得するということである。

ダチョウは「飛べない鳥」なのではない。飛ばない進化を選んだ「飛ばない鳥」なのである。

それぞれの生物は、それぞれの環境に合わせて戦略を発達させ、その戦略にあった場所に生息している。

すべての生物は、自分の強みを活かしている。ただ、それだけのことだ。企業でいえば、これこそが「コア・コンピタンスを活かしてドメイン（＝事業領域）を決める」ということになるだろう。

ニッチとはナンバー1になれるオンリー1の能力を磨くと同時に、ナンバー1になれるオンリー1の場所を見つけることである。

隣の戦略をマネするだけでは、ダメだということなのだ。

■ニッチは小さい方がいい

「ナンバー1になれるオンリー1の場所」を、どのように獲得すればいいのだろう。

もし、私たちが何かでナンバー1になるとすれば、どのようにするだろう。

たとえば、「世界で一番、足が速い」というニッチがあったとする。

しかし、そのニッチを獲得できるのは、世界で一人だけということになる。オリンピックの金メダリストだ。

それでは、世界で一番ではなく、日本で一番なら、どうだろう。日本で一番ではなく、都道府県で一番、あるいは市町村で一番はどうだろう。学生であれば、学校で一番はどうだろう。クラスで一番はどうだろう。クラスで一番も難しければ、運動会で一斉に走る何人かの中で一番でもいい。

このように条件を絞っていくと、ナンバー1になりやすくなる。

ニッチとは、けっして「すき間」を表す言葉ではない。大きいニッチもあれば、小さいニッチもある。

しかし、条件や範囲を絞り込んですき間を狙っていった方が、ナンバー1になりやすい。たとえ、世界で一番、足が速かったとしても、未来永劫、勝ち続けることは難しい。そうだとすれば、オリンピックの金メダリストであったとしても、確実に勝てる範囲に絞り込む必要が出てくるのだ。

そのため、生物の世界でもニッチは小さくなりやすい傾向にあるのである。クラスで一番で良ければ、隣のクラスにも、その隣のクラスにも一番がいる。こうして、一番を分け合うのだ。

ニッチは、すき間のように、小さい方が有利なのだ。

■「ずらす」という戦略

自分はこのクラスでナンバー1、あいつは隣のクラスでナンバー1。

それで収まれば、世の中はハッピーなのだが、そうはいかない。

隣のクラスのあいつが「学校でナンバー1」という、より大きなニッチを狙って戦いを挑んでくるかも知れない。もし、その戦いに敗れて「学校でナンバー2」ということになれば、生物であれば絶滅である。

あるいは、クラス替えで、他のクラスのナンバー1と同じクラスになるかも知れないし、どこかの足の早い誰かが、転校してくるかも知れない。

まったく油断ならないのだ。

それでは、どうすればいいだろう。

ナンバー1になる方法は一つではない。何も一〇〇メートル走で競わなければならないということはない。一五〇〇メートルのような中距離もあるし、マラソン大会もある。

いや、運動会にはさまざまな種目がある。

パン食い競争を得意とするかも知れないし、障害物競走で、スプーンで卵を運ぶレースが得意かも知れない。人から物を借りる借り物競争が速いかも知れない。運動会の種目ではないが、計算問題を解く速さは負けないという「速さ」もある。

ナンバー1になる方法はたくさんある。

まともに勝負するよりも、他の人と違う能力を発揮した方がいい。

もし、隣のクラスのあいつが競争を仕掛けてきたとしたら、その競争で勝つことを考えるよりも、隣のあいつに勝てそうな別の種目を選ぶ方がいい。

これが、ナンバー1でなければ生き残れない自然界で、生物がナンバー1になる方法である。このように、他の生物に合わせてニッチをずらしていく。これが生物のニッチ戦略なのである。

強さには、色々な強さがある

■「弱者の戦略」とは？

生物は、「弱者の戦略」をとる。

弱者の戦略と聞くと、ビジネスパーソンの方はランチェスター戦略を思い浮かべるかも知れない。ランチェスター戦略のいう弱者の法則とは、「選択と集中」である。

ランチェスター戦略は、第一次世界大戦のころ、イギリスのエンジニア、F・W・ランチェスターが発見した戦争の法則である。この戦略は、やがて産業界へ応用され、現在では凌ぎを削るビジネスの世界で「販売戦略のバイブル」と呼ばれるほど、重要視されているものである。

ランチェスター戦略は、「強者の戦略」と「弱者の戦略」から成っている。

強者の戦略は単純である。

強者の戦略は、数に物を言わせて規模で戦ったり、弱者を模倣しながら、それを飲み込むようにシェアを拡大して同質化すればいい。強者は競争に強いのだから、できるだけ競争に持ち込みたい。これが強者の論理だ。

一方で、弱者はどうすればいいのだろうか。

弱者は競争に弱いのだから、できるだけ競争を避けなければならない。しかし、まったく戦わないわけにはいかない。そこで弱者の戦略では、局地戦に持ち込み、兵を集中させることが有効になる。つまり、「選択と集中」が必要となるのである。

それでは、ランチェスター戦略では、強者とはいったい、どのような存在なのだろうか。ランチェスター戦略の強者とは、市場占有率第一位を指している。そして、第一位以外の者は、すべて「弱者」と定義されている。ナンバー2は、すでに弱者なのである。

何とも厳しいような気もするが、じつは、自然界も同じである。

自然界でもナンバー2は弱者である。しかも、競争に敗れたナンバー2は、滅び行く運命にある。自然界の競争というのは、厳しく過酷なのだ。

自然界にあるすべての生物の中でナンバー1になることはできないため、強者の戦略をとれるような生き物は存在しない。そのため、すべての生き物が選択と集中をし、自分の得意なところで生存を掛けた勝負をしている。

確かに、競争に強く、競争力をよりどころにして分布を広げていく生物も存在する。しかし、どんな環境でも強者であり続けることはできない。草原の生き物は、草原で競争する、森の生き物は森で競争するというように、場所を選択している。

生物は、こうして得意な場所を選んでいるのである。

すべての生物が「選択と集中」によって、自分の得意なコア・コンピタンスを進化させていく。そして、すべての生物が、さまざまな場所や環境でナンバー1となっていく。

こうしてナンバー1を分け合うことによって、さまざまな生物が共存を果たしているのである。

■植物の戦略を組み立てる三つの要素

英国の生態学者であるジョン・フィリップ・グライムは、一九七〇年代に植物の成功の要素を三つに分類した。

それが「CSR戦略」と呼ばれるものである。

CSRというとビジネスパーソンの方々は、企業の社会的責任（corporate social

植物の戦略の要素は三つある

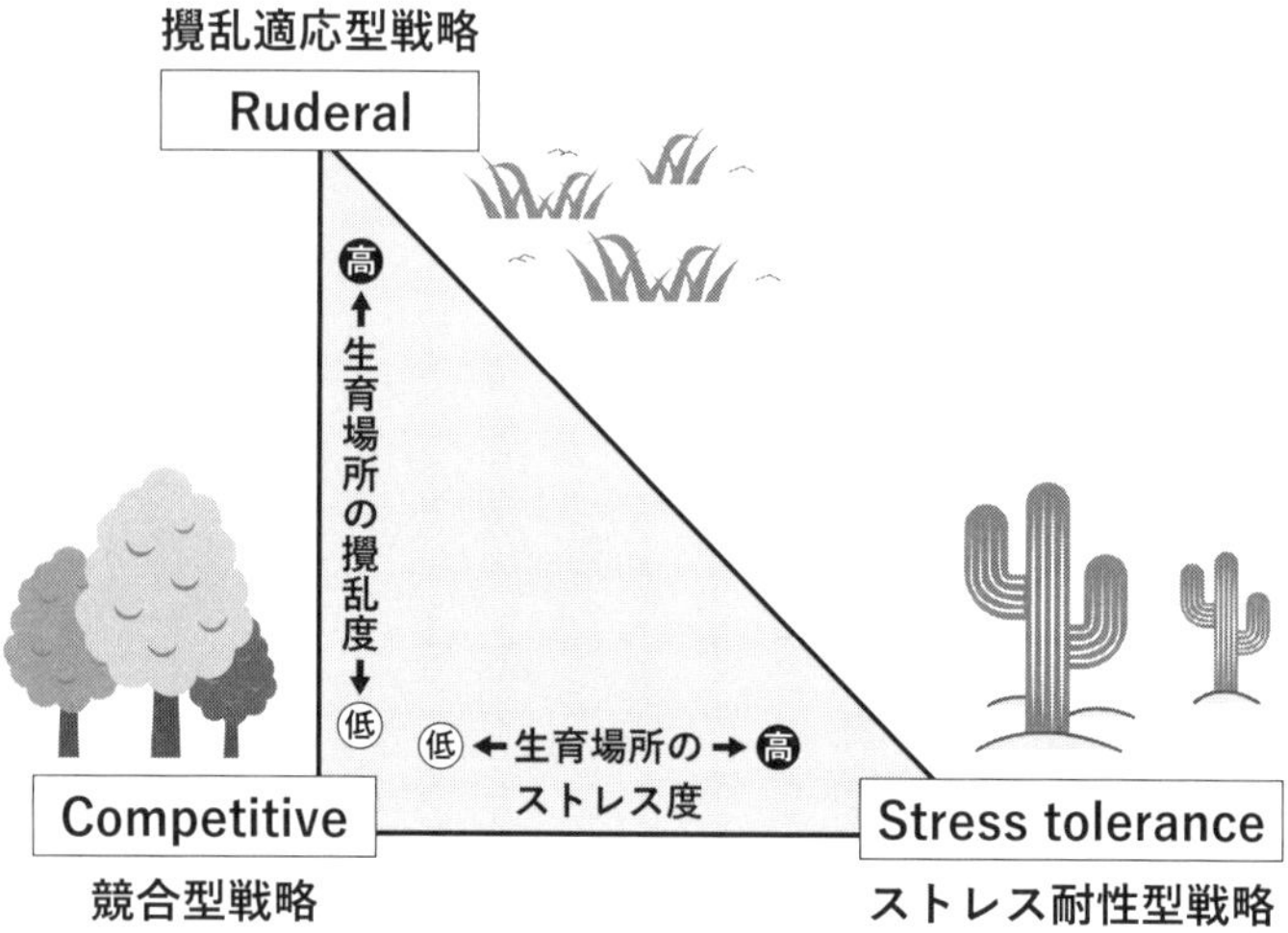

responsibility）を思い浮かべるかも知れないが、植物のCSRは違う。

植物の成功戦略には、Cという戦略要素と、Sという戦略要素と、Rという戦略要素の三つの要素があるということなのである。この三つの要素は、三角形で示すことができるため、植物のCSR戦略は、「CSR三角形理論」とも呼ばれている。

それでは、植物の三つの戦略要素とは何だろうか。

最初のCは、競争（Competitive）である。

自然界では、常に激しい競争が存在する。競争に勝った者は生き残り、競争に敗れた者は滅んでいく。それが自然界の鉄則である。

それは、植物の世界であっても同じである。

いや、むしろその競争は、植物がもっとも熾烈《しれつ》である。

競争というのは、資源の奪い合いである。たとえば、草食動物は植物を巡って争い合う。しかし、地面に生える草を食べるシマウマと高い木の葉を食べるキリンとは共存することができる。肉食動物も同じである。シマウマを獲物にするライオンと、小さなネズミをエサにするキツネとは、争う必要はない。

しかし、植物は違う。

植物にとっての資源とは、水と日光と土の中の栄養分である。

これは、巨木であっても小さな植物であっても、すべての植物に共通である。つまり、資源を巡る争いは、すべての植物の間で引き起こされる。競争から逃げることはできないのだ。

■競争力だけが強さではない

すべての植物は、ＣＳＲの三つの戦略の要素を持っている。ただし、三つの戦略のうち競争力に強みを持って成功している植物の戦略は、「競合型戦略」と呼ばれている。

競合型の植物とは、どのような植物なのだろう。

競合型の植物は、いわゆる「強い植物」である。光を巡る競争であれば、大きな植物が有利である。つまり、「木」の方が「草」よりも、競争力が強いのだ。

巨木となり深い森を作る植物は競合型の戦略の典型である。

激しい競争社会で、成功に競争力は不可欠である。競争に強い以外に、成功の要素などないように見える。しかし、自然界が深い森で覆い尽くされているかといえば、そうでもない。

競争力が強いはずの「木」が必ずしも成功するとは限らない。「草」という新たな戦略が発達しているケースもある。

このように、競争に強い者だけが成功するとは限らないのが、自然界の面白いところなのだ。

つまり、成功するためには、競争力以外の要素もあるということだ。

それでは、競争力以外のSとRの要素とは何なのだろうか。

■弱者が勝つ条件

たとえば、サッカーの試合を考えてみることにしよう。

強豪チームと弱小チームが対戦をしたとき、弱小チームが勝つということがあるだろうか。まともに戦ったのでは、当然、勝ち目はない。

弱者の戦略は「選択と集中」だ。守りに徹して、カウンター攻撃を狙うという方法もあるし、徹底的に得意の形に持ち込むという戦略もある。

しかし、サッカーには制約がある。メンバーは一一人対一一人と決まっているし、グラウンドの広さも、ゴールの大きさも決まっている。「選択と集中」だけでは限界がある。

もし、力の差が圧倒的だったとしたら、どうだろう。たとえば、小学生のチームとプロのチームくらいの差があったとしたら、どうだろう。弱小チームが強豪チームに勝つ条件など、あるのだろうか。

天気は晴れ渡り、風もない。芝生はきれいに刈りそろえられている。どうせやるなら、そんなすばらしいコンディションでサッカーをしたいと誰もが思うだろう。しかし、そんな恵まれた条件で試合をすれば、一〇〇回試合をしたとしても、一〇〇回とも強者が勝つだろう。

それでは雨が降ったとしたら、どうだろう。グラウンドがぬかるんでいたとしたらどうだろう。強い風が吹いていたとしたらどうだろう。様子は少し変わってくるだろう。

そして、もしも弱小チームが、いつもどろんこのぬかるんだ場所で練習を積んでいたとしたらどうだろう。番狂わせの可能性が少し出てくるのではないだろうか。

それでは、もっと大雨にしてみたらどうだろう。もう目の前が見えないくらいの大雨だ。グラウンドは水浸しである。もうボールがどこにあるかもわからない。さらに嵐のような風が吹いていて、ボールは勝手に転がっていく。

そんな状態でサッカーをするのはどんなチームでも嫌に決まっているし、そんな状態では本来の実力を出すことができないのは、強豪チームも弱小チームも同じである。しかし、弱小チームが強豪チームにもし勝つとしたら、こんな条件である。勝つことはできなくても、引き分けくらいに持ち込むことができる可能性は高い。もし、こんな条件が用意されているのであれば、弱小チームは喜んで試合をするべきである。

もっとも、強豪チームは、そんな悪条件では試合はしたくないと姿を現さないかも知れない。そうなれば、弱小チームの不戦勝である。

自然界の競争も同じである。

まともに競争して勝てないのであれば、悪条件で勝負するしかない。そして、幸いなことに、自然界には、植物が生存するのには適さないような「悪条件」もたくさん見いだせるのだ。

そんな悪条件で勝負するのが、SとRという二つの戦略である。

■さまざまな「強さ」

話をCSRの三つの戦略に戻そう。

CSRの二つ目のSはストレス耐性（Stress tolerance）である。

「ストレス」という言葉は、現代社会に生きる人間だけのものではない。すべての生物にストレスはあるし、もちろん、植物の世界でもストレスはある。

ストレスとは生育に対する不適な状況である。

たとえば、水や日光を必要とする植物にとっては、乾燥や、日照不足がストレスとなる。また、暑さや寒さも存在を脅かすストレスとなる。

このストレスという要素で強みを発揮する戦略が、「ストレス耐性型戦略」と呼ばれる戦略である。

強さには色々な強さがある。何も競争に強いばかりが強さではない。過酷なストレスにじっと耐え忍ぶことも、立派な強さなのだ。

ストレス耐性型の代表的な植物にサボテンがある。

サボテンは、水のない砂漠に生えている。水がないというのは、植物にとっては致命的な悪条件だ。そんな場所では、競争している余裕はない。他の植物と競争することよりも、いかに水のないところで生き抜くかというサバイバル能力が求められるのだ。

そこでは、競争力は必要とされない。「水がない」という悪条件さえ克服することができれば、競争することなく、生存することができるのだ。

標高の高いところに生える高山植物も、ストレス耐性型の例である。厳しい寒さや吹き付ける氷雪に耐えることが、高山植物として成功するために必要な条件である。そこには競争力は必要とされない。

自然界では、すべての生物が、自分の得意なコア・コンピタンスを活かして進化を遂げている。もし、競争力が弱いのであれば、他の植物と無駄な競争をして滅び去るよりも、厳しいストレスに耐えるという戦い方もあるのである。

■変化に対応する強さ

CSRの最後のRは、ルデラル（Ruderal）である。Ruderalは直訳すると「荒地に生きる」という意味である。この荒れ地に生きる能力を強みとする戦略は、「撹乱《かくらん》適応戦略」と呼ばれている。

撹乱とは、環境がかき乱されることである。予測不能な大きな変化が、突然起こる。それが「撹乱」である。

そんな撹乱が、植物の生存にとって適しているはずがない。しかし、撹乱が起こる場所は、競争力のある強い植物が有利であるとは限らない。いや、むしろ競争に強いことなど、何の役にも立たない。必要なことは、次々に襲い掛かる「変化」に対応し、それをしなやかに乗り越えていく力なのだ。

CとSとRは、植物の成功にとって重要な要素である。

さまざまな植物が、C、S、Rというタイプに分かれるということではなく、すべての植物がこのCとSとRという三つの要素を持ち、そのバランスを変えながら、それぞれの戦略を発達させているという言い方が正しい。

Cの競争力を強みにして戦略を立てている大木になるような植物もあれば、Sのストレス耐性力を強みにしているサボテンや高山植物のような植物もある。

そして、Rの変化に対応する力を強みにして、特異的な進化をしているのが、「雑草」と呼ばれる植物なのである。

カタバミ

第3章

ルデラルという戦略

強さとは、弱さを知っていることである

■雑草は弱い植物である

強いイメージのある雑草だが、じつは雑草は「弱い植物である」と言われている。何に対して弱いのかといえば、雑草は競争に弱いのだ。

雑草は弱い植物である。まともに戦ったのでは、勝ち目がない。そこで、競争力を求められない予測不能な変化の起こる場所を選んでいるのである。雑草は弱い植物だから、競争のない場所を選んでいるともいえるし、逆説的に捉えると、雑草と呼ばれる植物は、「変化に対応する」というコア・コンピタンスで勝負することを選択しているのだから、競争力を高めることに力を注ぐ必要はないということもできる。

雑草は強いというイメージがあるかも知れないが、それはどうしてだろう。アスファル

トのすき間に生えてきたり、抜いても抜いても生えてくるのが雑草の強さである。それはけっして競争の強さではない。人間が作り出した道路という、環境変化が起こる場所に生えることができる強さや、草取りという攪乱を乗り越える強さなのである。

もちろん、雑草がＲ（ルデラル）という変化に対応する強さを発達させているといっても、Ｃ（競争）やＳ（ストレス耐性）という要素がまったくないわけではない。

雑草も作物や他の雑草と競争する。あるいは、水のない乾いた場所に生える能力も求められる。一般的に雑草はルデラルという要素が強いが、雑草にもさまざまな種類がある。雑草の中でも、作物や他の雑草との競争力を高める戦略もあるし、道ばたや畑という攪乱が起こる環境の中でも、ストレスに対する耐性を高める戦略もある。

雑草というと、何気なく、どこにでも生えているイメージがあるが、実際はそうではない。雑草の中にもさまざまな戦略があり、どの雑草もＣ、Ｓ、Ｒという三つの要素を使い分けながら、自分の得意な環境や場所に生えているのだ。

■強い者が勝つとは限らない

44ページの図で紹介したように、植物の成功戦略の要素であるＣとＳとＲは三角形で表される。

困難なストレスも少なく、変化という攪乱もない安定した環境では、競争力が物を言う。つまり、競争に強い者が勝者となるのだ。

一方、ストレスの大きいところでは、競争に強い者が勝つとは限らない。必要なのはストレスに耐え忍ぶ力であり、ストレス耐性型の戦略が有利となる。

他方、攪乱の大きいところでは競争力やストレスに耐える力よりも、変化を乗り越える力が求められる。そのため、攪乱適応型の戦略が有利となるのだ。

それでは、ストレスも強く、攪乱も大きい場所ではどうなるだろう。ストレス耐性と変化に適応することは、違った能力が求められるから、ストレスがあまりに強く、攪乱も極度に大きい場所では植物は生存することができない。

そのため、競合型戦略とストレス耐性型戦略と攪乱適応戦略は、三角形の形になるのだ。

これがCSR戦略（CSR三角形理論）である。

■それぞれの戦略に求められるもの

このようなまったく異なる三つの戦略型の、それぞれの戦略に求められるものは何だろう。

競合型戦略に求められるものは「サイズ」である。大きい方が競争に強い。つまり大きい方が有利なのだ。

ストレス耐性型戦略に求められるものは何だろう。

ストレス耐性型戦略にとって重要なことを一言で言うとすれば、それは「蓄積」である。サボテンは丸々と太った茎の中に水を蓄積している。厳しい寒さに耐える植物であれば、地面の下の根っこやイモに栄養分を蓄積している。

それでは、ルデラルな撹乱適応型戦略はどうだろう。

変化を乗り越えるためにもっとも必要なことは「スピード」である。

とにかくいつ変化が起こるかわからないのだから、ゆっくりしている暇はない。そして次から次へとやってくる環境の変化に対して、素早く対応していくことが求められるのだ。

そして、もう一つルデラルな植物にとって重要なことがある。

それは、「次への投資」である。次々にやってくる環境の変化、次々にやってくる新しい時代に、撹乱適応型の植物は世代を更新して、新たな形となって対応する。今、成功したからといって、次の世代が成功するとは限らない。今が良ければそれで安泰というわけにはいかない。次に向けた投資をしながら、ルデラルな植物は命をつないでいるのである。

三つの戦略型はどれが有利かということはないし、木と草はどちらが有利かという問題ではない。どの戦略が有利であるかは、環境によって変わる。そして、環境に応じて、正確に戦略を選ぶ必要があるのだ。

そして、強さにも色々とある。他の植物を圧倒して打ち勝つ強さもあれば、困難な状況を耐え忍び、じっと生き延びる強さもある。次々に襲い来る変化を乗り越えていくことも、また強さなのである。

■戦わない戦略

自然界は、厳しい競争社会である。しかし、S型やR型のように競争以外の戦略もある。競争に勝つという戦略は、極めてシンプルである。競争に強い者が勝つ。ただ、それだけの話だ。

この競争に勝つことは簡単ではない。何しろ植物の競争は、逆転することが難しい。弱者が強者に勝つことは難しいのだ。

とにかく、植物どうしの競争は、体が大きい方が圧倒的に有利である。大きな植物は光を独占的に浴びることができる。一方、小さな植物は、大きな植物の影となって満足に光を浴びることができない。スケールメリットという言葉は、植物にこそふさわしいかも知れない。

光をいっぱいに浴びた大きな植物は、その栄養を使ってますます葉を茂らせる。そして、光を浴びることのできない小さな植物は、大きくなることもできずに、大きな植物の陰で枯れていくのである。

植物が、大きさの勝負で逆転することは難しい。

植物の成長は「相対成長」と呼ばれ、二倍、四倍というように乗算的に大きくなっていく。そのため、最初の差はわずかであっても、成長するにつれて、その差は大きくなっていくのである。

しかも、植物の場合は、最初の段階で体が大きい植物は、かなり優先的に光を浴びることができる。わずかでも後れをとれば、光を受けることができないのだ。

植物の世界では、大きく成長するという競合型戦略で競争することは難しい。

そのため、植物は下手な戦いはしない。

戦わない戦略が重要になるのだ。

Ⅱ

「雑草」の成功法則

雑草の戦略をテーマにしながら、ここまで、ずいぶんと時間を掛けてしまった。

しかし、それもご容赦いただきたい。

雑草は何気なく生えているわけではない。何しろ雑草は、戦略を高度に発達させた植物なのだ。

そのため、雑草の戦略を知るためには、まず生物の戦略の基本的な考え方と、植物の戦略の三つの要素を理解しなければならない。

復習してみよう。

生物の世界は、「ナンバー1」でなければ生き抜くことができない。そのため、生物は「ナンバー1になれるオンリー1」のニッチを獲得していた。

そして、植物の戦略には、C（競争力）、S（ストレス耐性）、R（ルデラル＝変化への適応）という三つの要素があり、雑草は変化を乗り越える「R」を発達させた植物であった。

ビジネスの世界では、「VUCA」という言葉を耳にすることも多くなった。

ＶＵＣＡは、Volatility（変動性）、Uncertainty（不確実性）、Complexity（複雑性）、Ambiguity（曖昧性）の頭文字を並べた言葉である。

雑草の戦略は「予測不能な変化に対応する」ことを強みとして発達させた戦略である。

そうであるとすれば、まさにＶＵＣＡに適応した戦略であるといえるだろう。

私は、雑草の成功法則は、「逆境」×「変化」×「多様性」という掛け算で表されると考えている。この三つの要素は、雑草の戦略にとってどのような意味を持つのだろうか。

順番に説明していくことにしよう。

第4章

雑草の成功法則「逆境」

逆境は味方である

■合理的に逆境を利用する

「逆境は味方である」

この言葉に、なるほどと思われる方も多いことだろう。

順風満帆なときには、誰しも気が緩む。人を育ててくれるのは、逆境のときなのだ。あるいは、ポジティブシンキングという言葉を思い浮かべる方もいるかも知れない。逆境を悪いことと考えず、良いことと考える逆転の発想が大事なのだ。

しかし、である。雑草にとってのそれは、そんな精神論ではない。

雑草の戦略は、もっと合理的なものなのである。

第2章では、弱者が勝つ条件として、「恵まれた条件でないこと」を挙げた。そして、サッカーの試合を取り上げて、プロの選手を集めた強豪チームに弱小の小学生のチームが勝つ条件の例として、大雨の嵐の中で、ドロドロにぬかるんだグラウンドであれば、プロでも力を出すことができないと説明した（47ページ参照）。

とはいえ、ただ大雨であればいいというものではない。確かに、悪条件であれば勝つ可能性も出てくるし、引き分けに持ち込むことができるかも知れないが、「勝つ」ということを考えれば、それだけでは足りないのだ。

大雨や強風という悪条件の中で勝つための戦略が必要であるし、ぬかるみの中で戦う能力が求められる。

そして、大雨や強風に特化した戦略を組み立てれば、弱小チームが強豪チームに勝つことができる。大雨や強風の中では連戦連勝のチームを、誰が「弱小」と呼ぶだろう。

「雑草は弱い植物である」と言われている。しかし、私たち人間の目には、雑草は弱いようにはまるで見えない。それこそが、雑草の戦略なのだ。

■チャンスはどこにある？

誰しも逆境は嫌である。順風満帆に平穏な日々を送りたい。

しかし、安定した条件で勝利するのは競争に強い者である。恵まれた条件では、間違いなく強い者が勝つ。もし、弱者にチャンスがあるとすれば、それは不安定な状況であり、恵まれない状況である。

そうであるとすれば、弱者は逆境を恐れてはいけない。むしろ弱者は逆境を歓迎しなければならない。強者が力を出すことのできない逆境にこそ、弱者が勝利するチャンスがあるのである。

だからといって、誰よりも努力をするとか、歯を食いしばって頑張ればいいというものではない。人間の世界は、根性で何とかなるかも知れないが、雑草の暮らす自然界は、そんな根性論で乗り越えることができるほど、甘い世界ではないのだ。

逆境といっても、さまざまな種類がある。

弱者である雑草にとって、「逆境を利用する」ことは基本的な戦略ではあるが、逆境であれば、何でもいいというわけではない。

踏まれるという逆境の場所では、踏まれることに強い雑草が生える。草刈りをされる場所では、草刈りに強い雑草が生える。草取りをされる場所では、草取りに強い雑草が、耕される場所では、耕されることに強い雑草が生える。

こうして、すべての雑草が、自分の得意な場所で勝負しているのである。

柔らかさと固さを併せ持つ

数ある雑草に降りかかる逆境の中でも「踏まれること」は、もっとも雑草らしい象徴的な出来事だろう。

踏まれる雑草は多いが、その代表格とも呼べるのが、オオバコ〈口絵❶〉である。

よく踏まれる道に生えるオオバコを漢字で表すと、「大葉子」である。その名のとおり、大きな葉が特徴的だ。

その葉は見た目にはとても柔らかい。しかし、柔らかいだけでは、踏まれたときに葉がちぎれてしまう。オオバコの葉を見ると、柔らかい葉の中に丈夫な筋がしっかりと通っている。そのため、オオバコの葉は踏みにじられても、なかなかちぎれないのだ。

柔らかいだけでは簡単にちぎれてしまう。柔らかさの中に固さがあるから、その柔らかな葉は丈夫なのである。

茎は逆に外側が固くなかなか切れないが、中はスポンジ状になっていて、よくしなる。

やはり、固さと柔らかさを併せ持っているのである。

柔よく剛を制す

——『三略』——

■しなやかに、いなす

「柔よく剛を制す」という言葉がある。

これは、剛よりも柔が強いと解釈されがちだが、本当は違う。実際には、「柔も剛もそれぞれの強さがあるので併せ持つことが大切である」という意味の言葉なのである。

固いだけでは、強い力がかかると耐えきれずに折れてしまう。柔らかいだけではちぎれてしまう。固さの中にしなやかな柔らかさを持ち、柔らかさの中にしっかりとした固さを持っている。それがオオバコの踏まれることに対する強さの秘密なのである。

これは「しなやかさ」という言葉で表すことができるだろう。

踏まれることに対して求められるのは、外からの力を受け流す「しなやかさ」なのだ。

■踏まれるスペシャリスト

私は、オオバコのことを「踏まれるスペシャリスト」と呼んでいる。

しかし、私がオオバコのことをスペシャリストであるとまで言うのは、単に踏まれることに強いからではない。オオバコは踏まれることを、巧みに利用しているのである。

オオバコは、道ばたやグラウンドなど、よく踏まれるところに生えている。まるで踏まれやすいところを好んでいるかのようだ。

じつは、オオバコの種子は、紙おむつに似た化学構造のゼリー状の物質を持っていて、雨が降って水に濡れると膨張してネバネバする性質がある。その粘着物質で人間の靴や、自動車のタイヤにくっついて運ばれていくのである。

オオバコの種子が持つ粘着物質は、もともと乾燥などから種子を保護するためのものであると考えられている。しかし結果的に、この粘着物質が機能して、オオバコは分布を広げていったのである。

舗装されていない道路では、どこまでも、轍《わだち》に沿ってオオバコが生えているのをよく見かける。オオバコは学名を「プランターゴ」と言う。これはラテン語で、「足の裏で運ぶ」という意味である。また、漢名では「車前草」と書く。これも道に沿ってどこまでも生えていることに由来している。道に沿ってたくさん生えているのは、人や車がオオバコの種子を運んでいるからなのだ。

こうなると、オオバコにとって踏まれることは、耐えることでも、克服すべきことでもない。踏まれることによって、分布を広げて成功するのだから、踏まれなければ困ってしまう。もはや、すべてのオオバコは、「踏んでほしい」と願っているはずだ。

こうして、踏まれなければ困るほどまでに、踏まれることを利用しているのである。

まさに逆境をプラスに変えて成功しているのだ。

■踏まれなければ成功できない

植物にとって「踏まれる」ということは、けっして良いことではない。

踏まれることなく、何の障害もなく、成長することができれば、存分に育つことができるし、踏まれることさえなければ、何のストレスもなく過ごすことができるだろう。

多くの植物にとって、踏まれることは、耐えるべきことであり、克服しなければならない障害である。

しかし、オオバコは踏まれることを嫌がるどころか耐えるどころか、その逆境を利用して成功した。

もし、オオバコが踏まれなかったとしたら、オオバコはどうなるのだろう。

オオバコは踏まれなければ、種子を散布することができない。いや、それだけではない。踏まれることがなければ、さまざまな雑草が、その土地に侵入してくる。オオバコは、踏まれることに対しては特別な強さを発揮するが、他の雑草との競争には、からきし弱い。誰も踏まない場所では、オオバコは他の植物に圧倒されて、やがては消え去ってしまう。

よく踏まれるような場所では、何しろ競争が起こりにくい。踏まれながら生きることに精一杯で、競争などしている余裕はないのだ。

光を求めて茎を伸ばしても、踏まれてしまうし、体を大きくして競争力を発揮しようとすれば、車に轢かれて倒されてしまう。そんな環境では、競争に強い植物や大きな雑草は生えることができない。

競争に弱かったから、競争の少ない踏まれる場所を選んだのか、踏まれる場所に適応していく中で競争力を失ったのか、そのどちらかはわからないが、おそらく両方の要因があるのだろう。

今やオオバコは踏まれなければ生きていけないほどまでに、踏まれることに適応した進化を遂げている。そして、「踏まれる場所」で圧倒的に優位な地位を築いているのである。

■雑草たちの棲み分け

雑草は、どこにでも生えるイメージがあるかも知れないが、そうではない。

実際には、雑草も、自らの強みを活かした場所を選んで生えている。

もちろん、雑草は動くことができないから、自ら場所を選んでいるわけではない。実際には、たくさんの種があり、たくさんの芽生えがあり、その中から自らの強みを発揮できる場所に生えることのできた者だけが、雑草として成功していることになる。

つまり、自らの強みを活かした場所で生えているというのは、結果論である。しかし、自らの強みを活かした場所でなければ生き残れないという真実は明確だ。

私たちは、戦略を選ぶことができる。戦う場所も選ぶことができる。そうであるとすれば、強みを活かした場所を選んで戦わなければならないのだろう。

たとえば、舗装されていない道路を見ると、道には踏まれることに強い雑草が生えている。中でもオオバコのような踏まれることを利用する雑草は、わざわざ車の轍のような、踏まれやすい場所を選んで生えている。

車の轍の間や、道路の脇の方の、少しだけ踏まれるような場所には、また別の種類の雑草が生えている。そして、道路の脇の草刈りが行われているような道ばたでは、また別の種類の雑草が生えている。

そして、道路の外の畑を見れば、耕されることに強い雑草が生えているし、草ぼうぼうの空き地のような場所では、雑草の中でも競争に強い大型の雑草が生えている。

隣り合った環境であっても、生えている雑草の種類は違うのだ。

雑草は、何気なく、どこにでも生えているわけではない。

「道路」という空間の中であっても、それぞれの雑草が強みを発揮できる場所に生えているのである。

成長点を低く持つ

■草刈りに耐える

それでは、草刈りされるような場所では、どのような戦略が見られるのだろうか。

踏まれる場所の雑草に求められるのは、踏まれる力を受け流す「しなやかさ」である。「しなやかさ」は草刈りに対しても有効である。草刈り機は、ある程度の抵抗があるものを刈り取っていく。草刈りの刃がぶつかっても、しなやかな雑草は、草刈りの刃に逆らうことなく、倒れて、力を受け流している。

しかし、「しなやかさ」だけで、草刈りに耐えることはできない。

しっかりした草刈り機であれば、しなやかな茎も逃さないし、根元から刈り取ってしまうかも知れない。機械でなく、人間が草刈り鎌で刈れば、しなやかな雑草を見逃すような愚かなことはしないだろう。

草刈りに対して有効なのは、「成長の基点を持つこと」と、「素早いレジリアンス（再生力）」だ。

草刈りに対して、圧倒的な強さを発揮するのは、イネ科の雑草の仲間である。

イネ科植物は、植物の中でももっとも進化したものである。イネ科植物は、草原地帯で進化を遂げた。イネ科というと、イネやコムギなどの穀物を思い浮かべるかも知れないが、もともとは、主に草原や草むらを構成する植物である。草原や草むらには、細い葉を生い茂らせる「草」が生えているが、この草がイネ科植物である。よく知られている雑草では、ススキやエノコログサがイネ科植物である。

植物が生い茂る森林と比較して、草原は植物が少ない。そのため、草原では少ない植物を巡って草食動物たちが競い合って植物を食いあさる。そんな過酷な環境で進化を遂げたのが、イネ科植物なのである。

イネ科植物の特徴は、成長点が低いことである。

植物の成長点は、茎の先端にあって新しい細胞を作りながら上へ上へと伸びていく。しかし、それでは茎の先端を食べられると成長点も失ってしまい、ダメージが大きい。

そこで、イネ科植物は、成長点を低い位置に構える形に進化させた。

もちろん、イネ科植物の成長点も茎の先端にある。しかし、イネ科植物は茎をほとんど伸ばさない。そのため、茎の先端が地面の際にある状態なのだ。

とはいえ、植物は太陽の光を受けるために、上に伸びなければならないから、成長点を地面の際に残したままに、葉だけを上へ上へと押し上げる。

ウシやウマなどの草食動物に襲われても、食べられるのは葉っぱだけで、成長点はダメージを受けることがない。成長点が無事なのだから、食べられても食べられても、葉を出し続ければいいだけの話だ。

確かに、一般の植物に比べればずいぶんと奇妙なこのスタイルには、問題もある。成長点を高くしながら、成長していけば、成長の過程で枝を茂らせて複雑な構造を作ることができる。しかし、成長点が下のままでは、枝のような水平展開をすることができないのだ。

それでも、イネ科植物は、大切な成長点を根底に置くという戦略を徹底させる。

地面の際で枝分かれをして、成長点の数を増やしていくのだ。そして、押し上げる葉の数を増やしていく。こうして葉だけを茂らせていくのが、イネ科植物の独特の戦略なのだ。

■イネ科植物の成功

草食動物に食べられるために進化を遂げた、この独特のスタイルは、草刈りに対しても無類の強さを発揮する。

刈られても刈られても、大切な成長点は傷つくことがないのだ。

このようなイネ科植物は、雑草以外にも見ることができる。

たとえば、ゴルフ場や公園の芝生はいつも刈りそろえられる環境にある。あんなに短く刈られることはかなりのダメージに思えるが、芝生はびくともしない。涼しい顔で青々としている。むしろ芝生は、刈れば刈るほど元気になる。

刈り取られることで、地面にまで光が届くようになる。地面から伸びているイネ科植物の葉にとっては、ありがたいことだ。さらに、刈れば刈るほど、他の植物は生き残れなくなる。そのため、芝刈りをすればするほど、芝生は青々と美しくなるのである。

同じことが、雑草にも起こる。

人間は草刈りをして、きれいになったと満足しているが、草刈りに強いイネ科の雑草にとっては、ありがたいだけの話だ。

草刈りをすればするほど、草刈りに強い雑草が有利になり、草刈りに強い雑草がはびこるようになる。

人間が草刈りに強い雑草を増やしているのである。

■レジリアンスに求められるスピード

ただし、草刈りに強いイネ科の雑草には、求められる能力がある。

それは、「スピード」だ。

植物は葉で光合成をしなければ生きていくことができない。刈られても成長点にダメージがないというだけでは、生きていくことができないのだ。

刈られても刈られても、速やかに葉を出し続けていくスピードが求められる。

さらに、イネ科植物もすべてを低い位置の地際《じぎわ》だけでこなすことができるわけではない。

たとえば、花を咲かせて種子を散布するときには高い位置の方が有利となる。

イネ科植物は、風で花粉が運ばれる風媒花《ふうばいか》である。地べたでは風は吹かないし、高い位置にあった方が花粉を遠くまで飛ばすことができる。さらに種子も高い位置につけた方が、より遠くまで散布することができるだろう。

そのため、花を咲かせるときになれば、茎を伸ばさないわけにはいかなくなるのである。

それでは、どうすればいいのだろうか。

イネ科植物は穂を出して、花を咲かせるが、イネ科植物の穂はあるとき、突然現れる。

イネ科植物は簡単には、茎を伸ばさない。我慢して我慢して茎を伸ばさずに、準備をして準備をして、準備が整うと同時に一気に茎を伸ばすのである。

イネ科植物は地際の成長点に穂を作り始めると、葉を筒状にした葉鞘《ようしょう》という器官の中で、穂を作り上げていく。そして、穂が花を咲かせる準備が整うと、一気に茎を伸ばすのである。

それでは、茎の速やかな成長は、どのように実現するのだろうか。

短い茎は、節ごとに細胞分裂を行い、細胞の数を増やしていく。しかし、細胞が大きくなると茎が伸びるため、細胞を大きくしてはいけない。細胞の数を増やしながらも、どんどん凝縮させていくのである。しかも、イネ科植物の茎は、伸び縮みする指し棒のように、ところどころに節がある。この節ごとに細胞を凝縮させている。

そして、来たるべきときになると、凝縮させていた細胞を一気に膨張させる。こうして、短期間で茎を伸ばすのである。いよいよ出穂というときには、一夜のうちに数センチも伸びて、昨日までなかった穂が、翌日には現れる。成長が目に見えにくい植物の成長としては、かなりのスピードだ。

大切なものは低い位置で守りながら、伸びるべきときは一気に伸びる。

こうして、イネ科植物は、草刈りと草刈りの間のわずかな期間に花を咲かせ、種子をばらまいてしまうのだ。

■踏まれる雑草と草刈りされる雑草の共通点

これまで、踏まれる雑草の例としてオオバコを紹介し、草刈りされる雑草の例としてイネ科の雑草を紹介したが、この二つの例には共通点がある。

成長点を低くし、根っこを残すという戦略だ。

オオバコは、茎をほとんど伸ばすことなく、葉を地面に放射状に広げている。この形は、ロゼットというバラの花の形の胸飾りに似ていることから、「ロゼット」と呼ばれている（182ページ参照）。ロゼットも茎を伸ばさないので、成長点が地際にある。そして、葉が地表面にあるので、踏まれても葉があまり傷つかない。また、花茎《かけい》という、花を咲かせるためだけの茎を伸ばす。この花茎がよくしなって、踏まれたときの衝撃を和らげているのだ。

イネ科植物も同じである。成長点を地際において、葉を次々に出していく。そして、花を咲かせるために茎を一気に伸ばすのだ。

踏まれても、刈られても、成長点は地際に残っている。そして、根っこもしっかりと残っている。踏まれる雑草と刈られる雑草の共通点は、成長点と根っこという生存の基盤をしっかりと守って、危険にさらさないということにあるのだ。

基本戦略は同じなのである。

もっとも、踏まれるのに強いことと、草刈りに強いことが同じかというとそうではない。たとえば、オオバコは草刈りに対して強いとはいえない。ただし、オオバコの仲間には、ヘラオオバコという草刈りに強い種類もある。ところが、ヘラオオバコは踏まれることに対しては強くない。イネ科植物の中にも、オヒシバのように踏まれることに強く、草刈りされるところにはあまり生えない種類もある。

基本戦略は同じであるが、踏まれる雑草は、踏まれたときの衝撃に強い構造や姿勢が求められるし、草刈りされる雑草は、葉の再生力や茎を伸ばすスピードが求められる。

さらには、雑草間の競争もあるから、踏まれるところでは、踏まれることにより強い雑草が競争力を発揮するし、草刈りされるところでは、草刈りされることに対して、より強い雑草が競争力を発揮するのである。

チャンスは準備された心に降り立つ

――ルイ・パスツール――

■根っこが抜かれたらどうするのか？

踏まれたり草刈りされても、根っこさえ残っていればいい。

それでは、草取りはどうだろう。根っこごと抜かれたらどうすればいいのだろうか。

踏まれたり、刈られたりするのと違って、草取りされれば、雑草本体が抜き去られてしまう。根っこごと抜かれたら、どうしようもないのではないだろうか。

どうすれば、草取りされることを成功につなげることができるだろうか。

根っこごと引き抜かれてしまった雑草は、もはや為す術はない。もし、引き抜いた雑草をそのまま土の上に放置してくれれば、根っこを生やして、再生することもできる。しかし、放置されず取り除かれれば、その雑草は、枯れゆくのみである。

ところが、驚くことに草取りされるような場所で強さを発揮する雑草もいる。きれいに草取りをしたと思って満足していたら、しばらくすると、また一斉に雑草が生えてきたという経験はないだろうか。

じつは、このような雑草は、草取りをされることによって、増えていく。人間にとっては、残念なことに、草取りをすればするほど、草取りに強い雑草が増えていくのだ。

それでは、草取りに強い雑草は、どのようにして「草取り」という逆境をプラスに変えているのだろう。

草取りに強い雑草に求められる能力は、「チャンスを逃さないこと」である。

「幸運の神は前髪しかない」と言われる。そして、その神の後頭部ははげている。そのため、幸運の神が走ってきたときには、前髪をつかまなければならず、過ぎ去ったら捕らえることはできないというのである。

「チャンスは準備された心に降り立つ」とも言われる。

チャンスは誰にでもやってくる。準備していればチャンスをつかむことができるが、逃してしまえば、それはチャンスではないということである。

草取りされる雑草は、草取りされるときに備えて準備を怠らない。そして、草取りされるタイミングを待っているのである。

■チャンスを待つシードバンク

チャンスをつかむ雑草の秘密が「シードバンク（seed bank）」と呼ばれるものである。直訳すれば、「種子の貯蓄」だ。

その秘密は、土の中にある。地上に現れる雑草は氷山の一角に過ぎない。地面の下には膨大な数の雑草の種子が蓄積されているのである。

地下に秘められた雑草のシードバンクの実態は明らかにされていない。イギリスのコムギ畑の調査では、一平方メートルあたり七万五千もの雑草の種子が存在したそうである。これだけのたくさんの種子が土の中にあって、発芽のときを待っているのだ。

ビジネスでも新規事業や製品化の可能性のある技術やノウハウ、アイデアなどを「シーズ」という言い方をする。「シーズ」は、まさに種である。雑草は、このシーズをたくさん準備しているのだ。

もちろん、土の中の種子のすべてが芽を出すことはない。むしろ、その多くは、日の目を見ることはないだろう。それでも、たくさんの種子を用意しておく。それが、雑草の、草取りという劇的な逆境に対する備えなのである。

■チャンスは劇的にやってくる

植物の種子の発芽に必要な条件は、空気と水と温度の三つである。

ところが、雑草の種子はこの三つの条件を満たしても芽を出さないことが多い。

雑草にとって重要なことは芽を出すタイミングである。芽を出すタイミングを見誤れば、たちまち死んでしまう。じっと芽を出すべきときを待つのである。

そのため、雑草は植物の発芽に必要な空気と水と温度がそろっただけでは、芽を出すことはないのだ。

このように発芽に必要な条件がそろっているにもかかわらず、種子が芽を出さない状態は「休眠」と呼ばれている。

ビジネスの場面で「休眠」というと、「休眠状態の工場」や、「休眠会社」というように、有効活用していないという悪いイメージで使われることが多い。しかし、雑草の種子の「休眠」は違う。

来たるべきときに備えて、満を持してチャンスの到来を待っている状態なのである。

そのため、チャンスが来たと見るや、土の中の種子は一斉に芽を出す。

そのチャンスとは何か。

雑草の種子の発芽には、さまざまな要因が関係するが、大きなチャンスの一つが、「光が差し込む」ということにある。

暗い土の中でチャンスを待ち続けた雑草の種子にとって、光が差し込むことは、何を意味するのだろう。

誰かが草取りをして、根っこごと雑草を抜けば、土がひっくりかえって土の中に光が差し込む。つまり、光が差し込んだということは、ライバルとなる植物を人間が取り去ったということを意味するのである。

雑草の種子が芽を出したとしても、まわりがすでに雑草で覆われていれば、光を受けて光合成をすることができない。光合成に必要な光が地面の下にまで届いたということは、地上はライバルの存在しないまっさらな楽園になっていることを意味するのだ。

そのため、チャンスを待ち続けた雑草の種子は、一斉に芽を出し始める。

チャンスをつかむのに必要なのは、タイミングとスピードだ。

まっさらな大地を制することができるかどうかは、スピードに掛かっている。そのため、土の中にあった雑草の種子は我先にとばかりに、次々に芽を出し始めるのである。きれいに草取りをしたと思っても、すぐに雑草が生えてくるのはそのためなのだ。草取りをするという行為が、次の雑草にチャンスを与えているのである。

■戦略とは「資源の投資」である

雑草の戦略は、どこに資源を投資するかが重要となる。

たとえば、踏まれたり草刈りされても、根っこさえ残っていればいい。そのため、根っこに栄養分を蓄積する。

「蓄積」という戦略は、先に取り上げたCSR戦略では、Sのストレス耐性型の戦略に共通する。踏まれたり草刈りされることは、植物にとってはストレスという捉え方もできるのだ。

復習してみよう。

CSRは、「C：競合型戦略」「S：ストレス耐性型戦略」「R：攪乱適応型戦略」の三つの戦略要素から成っていた。

雑草は、一般的には、Rの要素が強いが、Cや、ここで紹介したSという要素も組み合わせながら、それぞれの雑草がそれぞれの強みを発揮できる場所に生存している。

Cの競合型戦略の投資先は、「成長」である。少しでも体が大きい方が有利であり、少しでも背が高い方が競争力を発揮する。そのため、資源をできるだけ投資して、成長する必要がある。

そして、Rの撹乱適応型戦略に必要な要素は、「スピード」と「次への投資」である。

根っこごと抜かれるような「草取り」は、植物にとっては、大きな撹乱だ。そのため、草取りされる場所に生える雑草が生き残るためには、「スピード」と「次への投資」が必要となる。

草取りをすれば、地面の下に生えていた次の雑草が生えてくる。

それならば、もう一度、草取りをすればいいだけの話ではあるが、そもそも、土の中に眠る膨大なシードバンクの種子は、どこからやってきたのだろうか。

シードバンクの種子は、チャンスが訪れるまでは、土の中でじっと待ち続ける。しかし、一度、芽を出せば、その後求められるのは速やかな成長だ。何しろ、ライバルのいない大地で成長するのに必要なことは競争力ではない。ライバルよりも、いかに早く葉を広げられるかだ。

さらには、気まぐれな人間がいつまた草取りをするかはわからない。そのため、次の草取りまでに速やかに成長し、種子を残さなければならないのだ。そのため、草取りされる場所の雑草は、成長が早く、芽を出してから種子をつけるまでの期間が短い。大きく成長する必要はない。要は、いかに次の種子を残すか、なのだ。

嫌らしいことに、カタバミ〈口絵❷〉やタネツケバナなどの雑草は、草取りをしていると、その刺激で種子をパチパチと弾き飛ばす。その種子には粘着物質がついていて、草取りをする人間の衣服や靴にくっつく。そして、人間が移動をすれば、種子も移動して分布を広げていくという念の入った方法で、広がっていく。

こうして、雑草は次の草取りまでのわずかな間に、種子を地面にばらまいている。そして、シードバンクを作り上げていくのだ。

一度、形成されたシードバンクは、なかなかなくなることはない。

変化は複雑さを生み出す。

草取りをすれば、土の中のすべての種子に光が当たるわけではない。光が当たらない種子もある。草取りすることによって、土はかき乱され、さらに深いところに潜ってしまう種子もあるかも知れない。

膨大な数の種子の中で、チャンスと判断した種子は芽を出す。しかし、他の多くの種子は眠り続けたまま次に訪れるチャンスを待っている。

そして、草取りをすればするほど、土の中の種子の位置は複雑になっていく。そして、草取りをすればするほど、雑草は新たな種子を形成し、シードバンクに蓄積していく。

私たちにとっては残念なことに、草取りをすればするほど、雑草は増えていくのである。

第5章

雑草の成功法則「変化」①

――変化するために必要なもの

変えられないものは受け入れる
変えられるものを変える

■「変化」に対する二つの対応

「変化」に対して私たちは、どのように対応すればいいのだろうか。

変化への対応の仕方として、相反する二つの考えがある。

一つは「変化に惑わされず、一つのことに専念して継続することが大事だ」という考え方である。

一方、「同じことを続けていてはいけない」という考え方もある。

雑草はこのどちらを選択しているのだろうか。


植物は動くことができない。

動物は動くことができる。そのため、エサや居心地の良い場所を求めて、移動することができる。ところが、植物は動くことができないから、そこに種子が落ちたとすれば、そこがどんな場所であろうと、そこに生えて、そこで一生を終えるより他にないのだ。

「変えられないものは受け入れる」

それが植物の、基本的な生き方である。

変えられないものとは、何か。それは自らが生える環境である。そこの環境条件は、植物自身は変える力を持たない。あるいは、まわりに生えている植物も変えられない。

変えられないものは、受け入れるしかないのだ。

それでは、植物にできることはないのだろうか。もちろん、ある。

「変えられるものを変える」

それも植物の、基本的な生き方である。

変えられるものとは、何か。それは植物自身である。自分の体や成長の仕方はいかようにも変えることができる。そのため、植物は自分自身を変化させるのだ。

生物の変化できる能力を「可塑性《かそせい》」という。

動くことのできない植物は、動物に比べて可塑性が大きい。

たとえば、体のサイズを考えてみても、人間の大人であれば、大きい人と小さい人とで倍も身長が違うということはない。しかし、植物では同じ種類であっても、倍くらい高さが違うということは当たり前に起こる。

■雑草は変化できる力が大きい

植物の中でも、雑草は特に「可塑性が大きい」とされている。つまり、変化できる力が大きいのだ。

雑草の変化する能力には、環境によって自分自身を変化させていく「表現的可塑性」と、次の世代に自分と違うタイプを残す「遺伝的多様性」とがある。

ここでは、環境に適応して自分自身を変化させる「表現的可塑性」の話をしよう。

私が学生時代に研究していたイチビという雑草は、図鑑では一メートルくらいの大きさと記されている。しかし、五センチくらいの大きさで花を咲かせていることもある。そうかと思えば、飼料用のトウモロコシ畑では、背の高いトウモロコシと競い合って、四メートルを超えるような草丈になっていることもある。まさに大きさは自由自在。可塑性が大きいのだ。

大きさばかりではない。伸び方も自由自在だ。

雑草は種類によって、茎を横に伸ばしてテリトリーを広げていく「陣地拡大型戦略」と、そうではなく、上に伸びて自分のテリトリーでの競争力を高めていく「陣地強化型戦略」の二つがあると言われている。新たな陣地へと拡大すべきか、持っている陣地を強化すべきか、ビジネスの場面でも二つの戦略があることだろう。

それでは、そのどちらの戦略が有利なのだろうか。

それは、愚問である。どちらの戦略が有利であるかは、状況によって変化する。

そのため、「やっかい」と言われる雑草の戦略が「使い分け型戦略」である。つまり、状況によって戦略を変化させるのだ。

ライバルのいない空き地のような環境では、その雑草は陣地拡大型戦略で横へ横へと茎を伸ばして、テリトリーを広げていく。しかし、ライバルとなる植物が現れると、一転して立ち上がり、競争力を発揮する陣地強化型戦略をとるのである。

大きさも自由自在、伸び方も自由自在。臨機応変に環境に対応して、変化するのである。

誰かが決めた「べき」を捨てる

■誰が決めたルールなのか？

雑草は、図鑑に記載されたとおりに生えていないことがある。

花期は春と書いてあるのに、秋に咲いていることもある。草丈は三十センチくらいと書いてあるのに、人間の背丈ほど大きくなっていることもあるし、立ち上がることなく地面を這《は》っていることもある。まったくつかみどころがないのだ。

また、雑草には「一年生雑草」や「多年生雑草」という分類がある。

芽を出してから一年以内に種子を残して枯れるものが、一年生雑草である。一年生雑草は春に芽を出して秋に種子を残す「一年生夏雑草」と、秋に芽を出して春から夏に種子を残す「一年生冬雑草」（越年生雑草）に分けられる。これに対して、数年以上、生息するものは多年生雑草と呼ばれている。

植物にとって、一年生か多年生かというのは、ごくごく基本的な分類方法である。

ところが、雑草の中には、この分類さえ飛び越えて変化してしまうものもある。

たとえば、ヒメムカシヨモギは、道ばたや空き地、畑などあらゆる場所によく見られるキク科の雑草である。ヒメムカシヨモギは、秋に芽生える越年生の雑草である。冬の間に葉を広げて栄養分を蓄えると、春から夏にかけて茎を伸ばして花を咲かせる。

ところが、撹乱の大きい場所では、ゆっくりと成長して花を咲かせている余裕はない。そこで、春から夏にかけて発芽し、数週間の間に成長して花を咲かせてしまう。つまり、一年生夏雑草として、生活をしているのだ。

また、ヒメムカシヨモギは北米原産の雑草だが、冬のない熱帯地域に広がったものは、越冬の必要がないから、もっぱら多年生雑草として暮らしている。

こうして、臨機応変に、その暮らしぶりさえも変えてしまうのである。

■所詮は人間が決めたもの

分類というのは、人間が植物を理解するために、勝手に作っているだけのものに過ぎない。図鑑もそうである。雑草の立場に立ってみれば、別に図鑑のとおりに生えなければいけないという義理はまったくないのだ。

図鑑の説明というのは、私たちが勝手に決めている「制約」であったり、「固定観念」だったりするかも知れない。

業界や業種など、私たちは勝手に区別をして分類している。「……らしくない」「……べきである」などと、その分類にレッテルを貼って、わかったつもりになっている。そして、勝手に自分たちで枠を決めたり、勝手にあるべき像を描いているのだ。

しかし、そんなものに縛られる必要はない。私たちはもっと自由に発想していいのだ。

「誰かが決めた『べき』を捨てよ」

図鑑に書かれたとおりに生えることを知らない雑草たちを見ていると、そう思わずにいられない。

■雑草は立ち上がらない

「雑草は踏まれても踏まれても立ち上がる」

もしかすると、雑草に対してそんなイメージを抱いていないだろうか。

残念ながら、それは誤解である。

もしかすると、一度や二度踏まれたくらいであれば、雑草は立ち上がってくるかも知れない。しかし、何度も踏まれると雑草は立ち上がらなくなる。

「踏まれたら、立ち上がらない」というのが本当の雑草魂なのだ。

雑草魂というと、踏まれても踏まれても立ち上がる不屈の魂をイメージするかも知れない。雑草のように頑張ろうと歯を食いしばってきたのに、それでは、あまりに情けないとがっかりするかも知れない。

しかし、本当にそうだろうか。

私は、「立ち上がらない雑草魂」こそが、雑草のすごさであると断言できる。

冷静に考えてみてほしい。

そもそも、どうして立ち上がらなければならないのだろうか。

雑草にとって、もっとも重要なことは何だろうか。

それは、花を咲かせて種子を残すことにある。そうであるとすれば、踏まれても踏まれても立ち上がるというのは、かなり無駄にエネルギーを浪費することである。

そんな余分なことにエネルギーを使うよりも、踏まれながらどうやって花を咲かせるかということの方が大切である。踏まれながらも種子を残すことにエネルギーを注ぐ方が、ずっと合理的である。

だから、雑草は立ち上がるような無駄なことはしない。

踏まれている雑草を見ると、踏まれてもダメージが小さくなるように、地面に横たわるようにして生えている。そして、雑草は踏まれながらも、最大限のエネルギーを使って、花を咲かせ、確実に種子を残すのである。

踏まれたら立ち上がらなければいけないというのは、人間の勝手な思い込みではないだろうか。プライドや世間体のために立ち上がろうとしているだけではないだろうか。

踏まれても踏まれても立ち上がるやみくもな根性論よりも、雑草の戦略は、ずっと合理的である。そして、ずっとしたたかで、たくましいのである。

変化しないから、変化できる

■「理想的な雑草」とは？

雑草は変化する能力が大きい。

それでは、変化するために大切なことは何だろうか。

アメリカの雑草学者のハーバード・Ｇ・ベーカーは論文「雑草の進化（*The evolution of weeds*）」の中で「理想的な雑草」の条件として一二の項目を挙げた（１６７ページ参照）。

理想的な雑草というのは、ずいぶんと奇妙な言い方に聞こえるが、雑草の立場に立ったときに「理想的な雑草として成功する条件」という意味である。

そのうちの一つに次のようなものがある。

「不良環境下でも幾らかの種子を生産することができる」

これは誰もがイメージする雑草の変化する力だろう。

どんなに劣悪な環境でも花を咲かせて、種子を結ぶ。これはまさに、雑草の真骨頂であると言っていいだろう。道ばたのアスファルトのすき間にひっそりと咲いている雑草の花を見てセンチメンタルになる方もいるかも知れない。

しかし、雑草のすごいところは、これだけではない。

ベーカーの理想的な雑草の条件には、次のような項目もある。

「好適環境下においては種子を多産する」

つまり、条件が悪いときは悪いなりに、条件が良いときには良いなりに種子を残すというのである。

ずいぶんと当たり前のように思えるかも知れないが、そうではない。

大切なことを見失わない

たとえば、私たちが栽培する野菜や花壇の花では、肥料が少ないと生きていくのがやっとで花が咲かずに枯れてしまったり、花が咲いても種子をつけなかったりすることがある。

逆に、肥料をやりすぎるとどうだろう。茎や葉ばかりが茂って、肝心の花が咲かなかったり、実が少なくなってしまったりすることもある。まるで、植物にとってもっとも大切な、種子を残すということを忘れてしまったかのようだ。

しかし、雑草は違う。条件が悪い場合にも、最大限のパフォーマンスで種子を生産するし、条件が良い場合にもまた、最大限のパフォーマンスで種子を生産するのである。

困難な状況でも、恵まれた状況でも、雑草は種子を残すということに、ベストを尽くす。思い出してほしい。

踏まれた雑草は立ち上がろうとしなかった。

雑草にとって大切なことは何か。

どんな状況におかれても、雑草はそれを変化させることはない。大切な軸はぶれることがないのだ。そして、困難な状況であればあるほど、雑草はその軸をぶれさせない。

大切なことは決まっているのである。目的とすべきゴールが決まっているのである。

たどり着くべきゴールが決まっているのであれば、そこに至る道はどこを通ってもいい。

だから、雑草は変化をすることができる。

踏まれたっていいし、縦に伸びなくてもいい。大切なことが変化しないからこそ、雑草は自由自在に変化することができるのである。

■変えてはいけないことは何か？

変えてはいけない大切なこととは何だろう。

企業の場合にはコア・コンピタンスのような強みかも知れないし、コアな技術であるかも知れない。

ただ、コア・コンピタンスやコアな技術は、長い時間の中ではコアではなくなってしまう可能性もある。それでは、変えてはいけないものとは何だろう。

雑草にとって変えてはいけないもの、それは「種子を残すこと」であった。

変えてはいけないものとは、根源的なものなのかも知れない。

もしかすると、それはミッションのようなものなのかも知れない。あなたの企業は、あなたの仕事は、何のために存在しているのだろうか。社会のために、何をしようとしているのか。

それは経営理念の中に書かれているかも知れないし、社訓の中に書かれているかも知れない。

変えてはいけないミッションを持っていれば、ミッションに向かう道は自ずと決まってくる。ミッションを実現するためのビジョンがあり、ビジョンを実現させるための戦略がある。

もちろん、時代や環境が変わればビジョンはそれに応じて変更され、戦略も変化するかも知れない。しかし、変えてはいけないものを持っていれば、ぶれることはない。変えてはいけないゴールがはっきりしていれば、ロードマップを書き換えればいいだけの話なのだ。

スズメノテッポウ

第6章

雑草の成功法則「変化」②

——変化とはチャンスである

臨機応変

私は、雑草の戦略を想うとき、「臨機応変」という言葉を思い出す。

「臨機」とは、「そのとき、その場」という意味であり、「応変」とは、「変化に応じる」という意味である。

臨機応変という言葉は、もともと仏教用語であるという。

仏教の教えは「諸行無常」にある。つまり、すべてのものは変化していくのだ。その変化に対応し、自らが変化してゆくこと。これが、臨機応変である。

雑草は、環境の変化に適応して、自らも自在に変化する。まさに、臨機応変である。

この雑草自身が変化する能力こそが、臨機応変なのである。

■撹乱が生物に与えるもの

「攪乱」という言葉がある。

文字どおり、かき乱されることだ。

先に紹介したCSR戦略では、雑草は「R：攪乱適応型」の要素が強かった。

そもそも、攪乱は、生物にどのような影響を与えるのだろうか。

ある有名な解析がある。

一九七八年にアメリカの生態学者J・H・コネルが提唱した「中程度攪乱仮説」という法則である。このモデルは、もともとは海洋生物の研究から導かれたものだが、さまざまな環境で適合していると評価されている（111ページ図を参照）。

図の横軸は攪乱の程度を表している。つまり、右へ行けば行くほど、環境はかき乱され、急激な変化が起こるということになる。

一方、縦軸はその環境で生息する生物の種類を表している。

図の右側の部分に注目してみよう。

攪乱が大きくなればなるほど、つまり右へいけばいくほど、生息できる生物の種類は少なくなる。あまりに攪乱が大きいと、変化に対応できる生物は限られてしまうのである。

今度は、図の左側の部分に注目してみよう。

興味深いことに、攪乱程度が小さくなっても、やはり生息できる生物の種類は少なくなる。

攪乱が大きいと生物の種類が少なくなることはわかる。攪乱が大きいと、生物の生存は困難になるからだ。攪乱がない方が、生物は安泰に決まっている。それなのに、どうして攪乱が小さい環境でも、生息できる生物の種類は減少してしまうのだろうか。

■変化とはチャンスである

自然界は競争に勝った強者が生き残り、競争に敗れた弱者は滅び去っていくのが摂理である。攪乱がない安定した環境では、激しい競争が起こる。そして、強い者が生き残り、弱い者は滅びていく。そのため結果的に、生息できる生物の種類は限られてしまうのである。

もちろん、それはダメではない。これが本来の自然の姿である。

ところが、攪乱がある条件では、必ずしも強い者が勝つとは限らない。

安定した環境では競争力が物を言うが、環境がかき乱されるような不安定な環境では、競争などしている余裕はないのだ。攪乱のある場所で求められることは、競争の強さでは

適度な変化はチャンスを生む

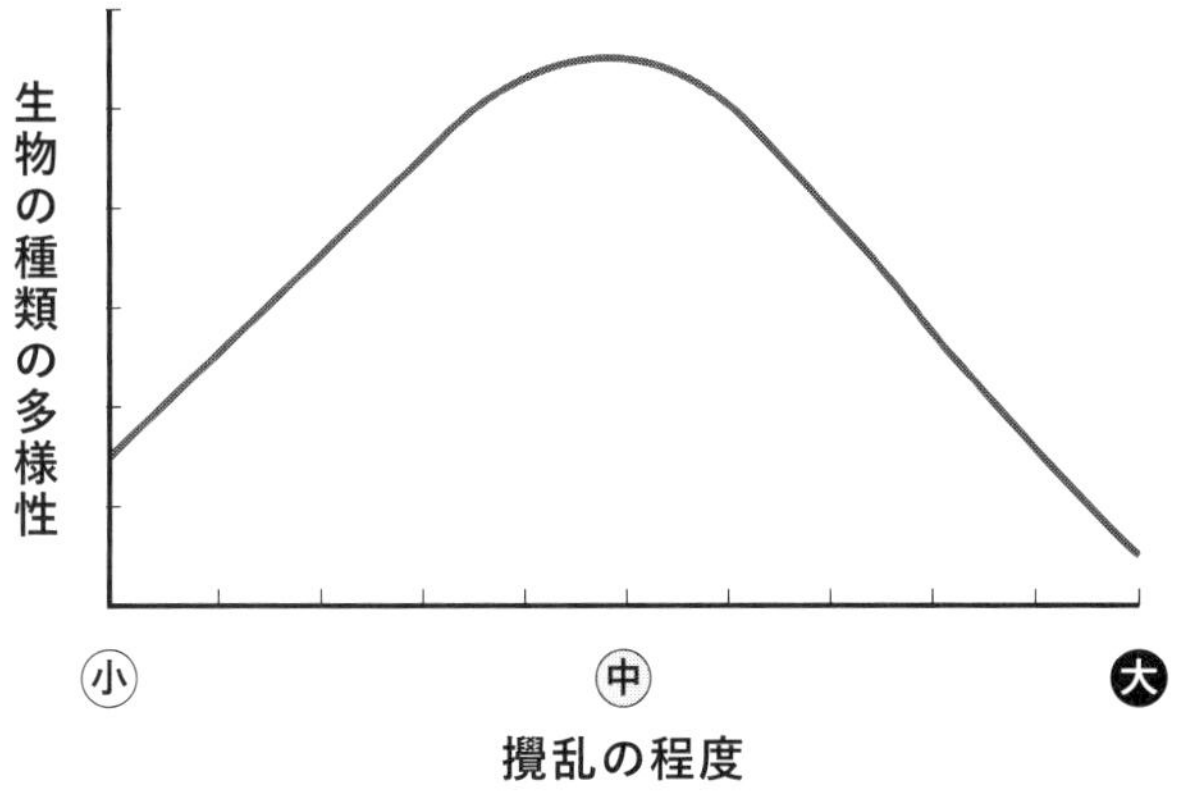

なく、次々に変化する環境に対応する適応力である。

この条件は、競争力のある強者には、まったくもって不条理なものだが、競争力のない弱者には願ってもないチャンスとなる。何しろ変化さえ乗り越えることができれば、安定した環境では勝てなかったような強者に勝つことができるのだ。

そのため、さまざまな生物が競争力ではなく、攪乱に対する適応力で勝負して成功する。そして、競争社会では生存できないような、多くの種類の弱い生物がさまざまな戦略を駆使して生存するようになるのである。

安定した環境よりも、攪乱の起こる不安定な環境の方が、多くのチャンスがある。

そして、この攪乱のチャンスを物にしてい

るのが、雑草なのである。

雑草は「R：攪乱適応型戦略」の要素が強いと紹介した。「攪乱適応型戦略」は「攪乱依存型戦略」と呼ばれることもある。

あろうことか、環境がかき乱され、次々に環境が変化していく攪乱に依存しているというのである。競争に弱い雑草にとっては、攪乱こそがチャンスである。

そして、攪乱がなければ、雑草の成功はないということなのである。

■複雑な環境にチャンスは宿る

「競争に勝つ」という戦略がある。「攪乱に適応する」という戦略もある。

それなのに、どうして攪乱に適応するという戦略で、生物の種類が増えるのだろうか。

競争に勝つという方法は一つしかない。しかし、攪乱は環境を複雑にし、多種多様な環境を作る。さまざまな環境が作られれば、それを乗り越える戦略も多様となる。

たとえば、オリンピックの種目が、もし一〇〇メートル走しかなかったとしたらどうだろう。足の早い選手が圧倒的に有利である。そこで求められるのは、足の速さという競争力だ。

しかし、攪乱があったとしたらどうだろう。つまり、条件が変わっていくのだ。たとえば、一〇〇メートル走かと思ったら、ときどき一万メートルになっている。そうなると、別の勝者が現れるだろう。

種目も変化していく。一〇〇メートル走だけでなく、走り高跳びや走り幅跳び、ハンマー投げ、やり投げなど種目が増えれば、それぞれ別の能力を持った人が勝者になる。パン食い競争や借り物競走、計算問題を解かないとゴールできないという競争もあるかも知れない。

攪乱が起こるということは、多様な環境を作り出し、多様な条件を作り出す。一〇〇メートル走しかなかった環境では勝てなかった選手たちにもチャンスがある。しかもチャンスは一回ではない。種目が増えていけば、自分の能力を活かすチャンスを選ぶことさえできるのだ。

これが攪乱である。

攪乱を嫌うのは、競争力を誇る強者だけである。

競争に勝てるのは、ナンバー1だけである。ナンバー2以下は弱者である。

弱者にとって、攪乱はチャンスでしかない。変化を恐れることはないはずなのだ。

■踏まれることは予測できる

じつは雑草にとって、環境変化には二種類ある。

「予測可能な変化」と「予測不可能な変化」である。

雑草には、踏まれたり、草刈りされたり、抜かれたりという逆境が次々に襲い掛かる。雑草は、それらの逆境を巧みにプラスに変えてきた。

そして、環境によって見た目の姿や性質を変化させられる表現的可塑性（94ページ参照）という変化できる能力によって、巧みにその環境に対応してきた。

しかし、踏まれたり、草刈りされたり、抜かれたり、という環境の変化は、劇的な変化ではあるが、予測可能な変化である。

踏まれるのに強い雑草は、踏まれる場所に生えている。確かにいつ踏まれるかわからない。どれくらいの強さで踏まれるかはわからない。しかし、「いつか誰かに踏まれること」は、予測できる。そのため、踏まれることに対応することが可能なのだ。

草刈りや草取りも同じである。いつ草刈りや草取りが行われるかは予測することはできないが、いつか草刈りや草取りされるということはわかっている。

だから、予測される環境に合わせて戦略を発達させ、準備することができるのだ。

しかし、まったく想定外の予測できない変化もある。

雑草は予測できない変化に対して、どのような戦略を組み立てているのだろうか。

そのために、必要な要素が「多様性」である。

「多様性」や「ダイバーシティ」という言葉を最近よく耳にするようになった。

それでは雑草の戦略にとって「多様性」とはどのような意味を持つのだろうか。多様性については、第8章で詳しく見てみることにしよう。

オナモミ

第7章

雑草の成功法則「変化」③

——時代の変化に対応する

変ずればすなわち通ず

――『易経』――

■植物の移り変わり

植物でさえも、基本はポジショニング戦略である。

競争に弱い雑草は、競争を避けて変化する環境に対応するというポジショニングが基本戦略である。耕されることに強いものは耕される場所に生え、踏まれるのに強いものは踏まれるところに生え、雑草の中でも比較的、競争に強いものは攪乱の少ないところに生える、というように、自らの得意なところで生えている。

このポジショニングは、単に「場所」のことだけではない。

雑草にとって、もう一つ重要なポジショニングの軸がある。それが、「遷移(succession)」である。遷移とは、時間の経過による植物の移り変わりのことをいう。つまり、私たち人間にとっては「時代の流れ」と言ってもいいかも知れない。

一般的に、遷移は次のような順番で変化していく。

たとえば、火山の噴火などで生き物がまったく存在しない何もない新しい土地ができたとしよう。土らしい土もなく、岩がゴロゴロするだけの荒れ地に最初に生えるのは、栄養分がなくても生えることのできるコケ類や地衣類である。

やがてコケ類や地衣類の営みによって、有機物が蓄積し、土ができていく。そして、植物が育つ基盤ができあがってくるのである。

そこに最初に生えるのが、一年生雑草を中心とする小さな草である。小さな草が生え始

植生の遷移の例

めると、そこは有機物がさらに蓄積し、土は豊かになっていく。すると、次第に多年生の大きな草も生えるようになり、草が生い茂るようになる。すると、やがて灌木《かんぼく》が生えてきて、藪のようになる。

そして、次から次へと大きな木が生えてきて、藪は林になる。そして、やがては深い森になっていくのである。

これが遷移である。

■市場の移り変わり

この遷移は、商品やサービス市場のプロダクトライフサイクルに似ている。

市場も最初のうちは不毛の土地のようである。市場規模は小さく、そこに侵入するリスクも大きい。これが「導入期」であろう。

やがて、市場は次第に大きくなっていく。「成長期」である。

市場は急速に成長していくが、やがて成長のスピードが鈍くなる。これは「プラトー現象」と呼ばれている。

しかし、プラトー現象を経ると市場は、再び成長をする。これが「成熟期」である。そ

プロダクトライフサイクル

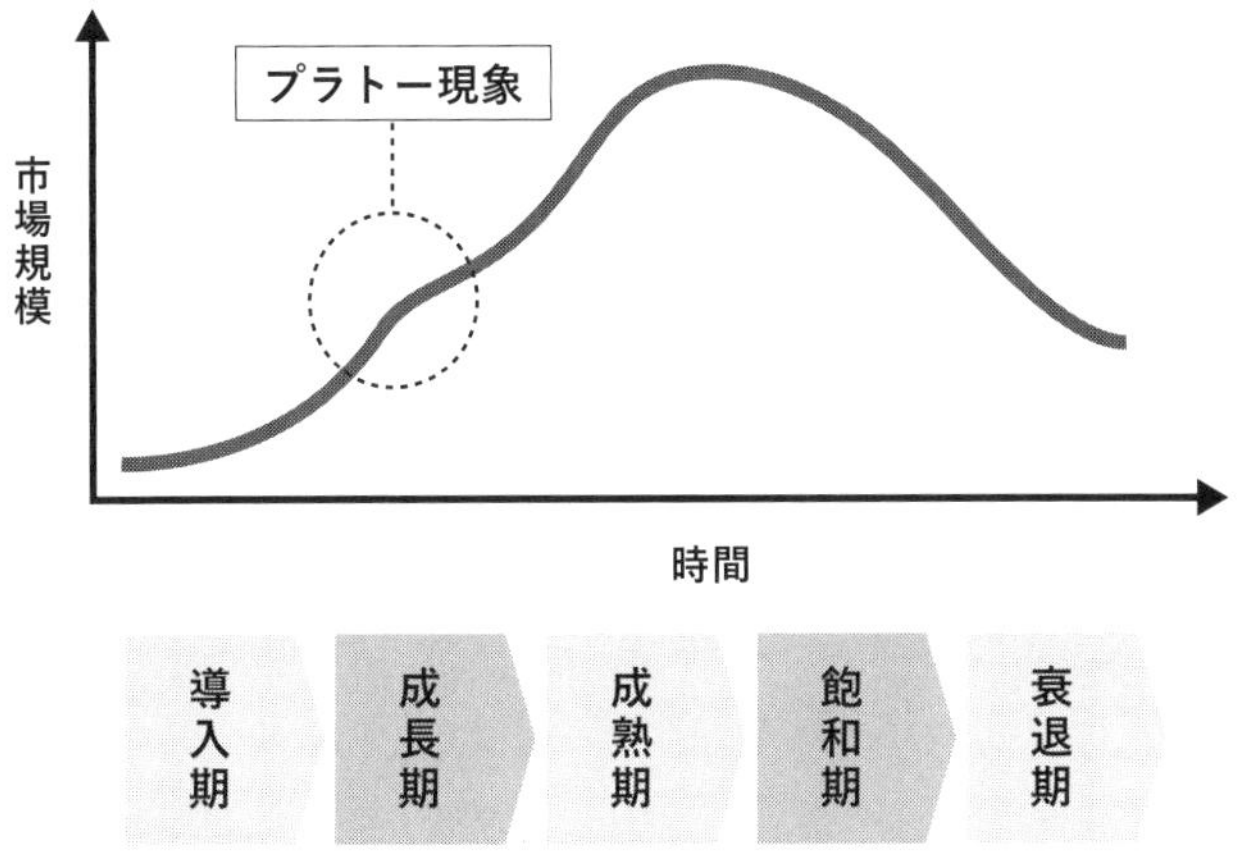

して、飽和した市場となるのである。

植物の遷移もまったく同じである。まったく何もない導入期に市場に参入するのは、コケのような小さな存在だ。

やがて、市場が成立してくると、草が生えてくる。さらに、市場が成長してくると、そこは競争の場となる。そして、次々に競争力のある大きな植物が参入してくるのである。

成長期から成熟期の市場の質的な転換は、植物でいえば、草から木への転換に相当するかも知れない。

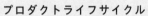

草から木へというのは、植生にとっては大きな転換期だ。

「草」というのはスピードを重視した戦略である。とにかく素早く参入し、素早く大きくなって、素早く種子を作る。そして、できるだけたくさんの種子をばらまくのである。つまり、「スピードと量で勝負する」のが草である。

これに対して、木は違う。木は年輪を作り、しっかりとした幹を形成しながら、じっくりと大きくなっていく。つまり、木は「競争力と質で勝負する」スタイルなのである。

草の時代が終わると、藪の中から次第に木が生え始める。スピードの時代から、競争力の時代、量から質の時代になるのである。

とはいえ、最初は草が競争相手だから、比較的、競争は緩やかである。明るい林になる。しかし、やがて競争は激化し、強い植物が生き残り、弱い植物は淘汰されていく。そして、巨大な木が生えて豊かな森となっていく。成熟した市場の形成も、植生の遷移と同じである。競争力のある企業が参入し、しのぎを削る。そして、市場は飽和するのである。

植物は、最後にはもっとも競争力のある大きな木が占有するようになる。この遷移の最終段階は「極相《きょくそう》」と呼ばれている。

プロダクトライフサイクルの中で、どの位置でビジネスを始めるかが重要であるように、植物も種類によって、生えるべきタイミングがある。

植物にとっては、時間の流れの中でも、ニッチがあるのである。

ビジネスの世界では、導入期はリスクも大きく、顧客も少ないので利益は少なくなる。

成長期は、市場全体での利益の額はまだ多くはないものの、ここで参入すれば利益の獲得を見込むことができるので、ビジネスを始めるチャンスである。しかし、ビジネスを始めるチャンスであることは、誰にとっても同じなので、競争が起こる。

やがて成熟期になると市場全体での利益の額は増えるが、この時期は大量生産や低コスト化が可能な競争力の強い企業が有利となる。生産性の高い巨木が有利な森と同じである。

植物の群落も、商品やサービスの市場と同じサイクルをたどっているのである。

それでは、雑草は遷移の流れの中で、どのような戦略をとっているのだろう。

パイオニアの戦略

「雑草」と呼ばれる植物は、遷移の流れの中の限られた期間に出現する植物である。

土も栄養分もないような不毛の土地には、雑草は生えることができない。

やがて、コケ類や地衣類などの活動によって土が形成されてくると、最初に生えるのが一年生の小さな草である。ただし、火山活動によって形成されるような、まったくの不毛の土地が現れることは少ない。

一方、人間活動によって、山が削られて新たな土地が造成されたり、海が埋め立てられて埋め立て地が形成されたりすると、そこはやせた土地であるかも知れないが、土らしきものは存在する。

そのため、一般的にはこのような土地に、一年生の草本植物が最初に進出することが多い。

この、新しい造成地や埋め立て地に最初に進出する一年生の草本植物は「パイオニア植物」と呼ばれている。

新たに生まれた未開の地は、競争相手がいないフロンティアである。そこでは、ライバルとの競争に煩わされることはないのだ。

パイオニアに求められるのは、とにかくスピードである。

目の前には、競争相手のいない土地が広がっている。そこに求められるものは、相手を打ち負かす競争力ではなく、速やかに進出するというスピードだ。

パイオニアたる雑草は、とにかく素早く新たな土地に進出する。

植物では、タンポポの綿毛のように、風で種子を運ぶような種類が有利だ。それらの植物は、新しくできた土地に、いち早く種子を進出させて定着する。

しかし、パイオニアと呼ばれる植物は、スピードという強みを持つ代わりに、競争力には弱い。新しくできた土地も、何年かすればさまざまな植物が進出してくる。そして、激しい競争の場となれば、パイオニアに勝ち目はない。やがて敗れ去り、舞台から退いていくのだ。

こうして、パイオニアは、常に新しい土地を求めて、たくさんの種子を飛ばし続ける。そして、新たな土地から新たな土地へと移動してゆくのである。

高くなく、広くなく、深く

■新たな土地を探し続ける

新たな土地のわずかな期間しか生えることのできないパイオニア植物の雑草は、とても稀有《けう》で不安定な存在に思えるかも知れない。

しかし、そうではない。

環境が安定した時代であれば、火山の爆発や洪水のような天変地異でもなければ、新たな土地は生まれないかも知れないし、新たな島が出現するような歴史的なイベントを待たなければいけないかも知れない。

しかし、変化の時代である現代では、パイオニアたちにとっては、次々と新しい土地が作られ続けている。

何も山を削ったり、海を埋め立てなくてもいい。街の中では家屋やビルが壊されて空き地が出現する。街中に出現した空き地もパイオニアにとっては絶好の場所だ。

それだけではない。

たとえば、人間が草刈りをする。草刈りをすれば、競争力の強い植物がすべて除かれる。あるいは、人間が畑を耕す。すると、そこは植物のない新たな土地となる。

つまり進んでいた遷移の時計が巻き戻されて、最初の段階にリセットされる状態になるのだ。

ただし、草刈りをされたり、耕されたりして作られた新しい場所は、まったくの不毛の土地とは環境が異なるから、違った能力が求められる。

今まで植物が育ってきた栄養分の豊富な土壌がある。さらには、土の中に種子を残しておくこともできる。そのため、種子を持ち込むということよりも、あらかじめ種子を播いておいて、そこからいかに成長するかというスピードが求められるのである。

パイオニアの戦略は、ブームの兆しを捉える流行店のようである。

流行を追いかけるビジネスでは、パンケーキが流行ればパンケーキ屋を出店し、タピオカがブームになればタピオカドリンクの店を出す。

そして、ブームが去るころには、次のブームに乗っかっている。

まさに、次々に新たな土地を求めているパイオニア植物と同じである。

パイオニアの戦略にとって重要なことは、「スピード」と「コストを掛けない」ことにある。

そして、パイオニアの戦略は、変化を捉える攪乱適応型の典型でもある。思い出してほしい。攪乱適応型に必要なものは「次への投資」であった。コストを掛けずに成長し、次の種子を播いておく。これがパイオニアの戦略なのである。

■「一年生」と「多年生」

雑草は、植生の遷移という長い時間の流れの中では、比較的、早い段階で活躍する。

しかし、雑草といっても、さまざまな種類がある。パイオニアとして、いち早く出現する種類もあれば、パイオニアに続いて生えてくる雑草もある。さらに、その後に生えてくる雑草もある。

雑草がそれぞれ得意な場所を居場所としていたように、遷移という時間軸の中でも、それぞれの雑草がそれぞれの居場所を持っているのだ。

パイオニアとなる雑草は、いち早く芽を出し、素早く花を咲かせて種子を残す「一年生」

と呼ばれるものが多い。つまり一年以内に生活を完結してしまう寿命の短い種類である。

やがて遷移が進んでいくと「多年生」と呼ばれる、複数年、生きることのできる種類が登場してくる。多年生雑草は、光合成をして得た栄養分を蓄積しながら、どんどん体を大きくしていく。そして、競争力を発揮して、一年生雑草を圧倒していくのである。

多年生雑草は、一年生雑草に遅れて、やや後に登場するから、攪乱が頻繁に起こると多年生雑草の出番がない。そのため、変化が常に起こるような場所では、一年生雑草が有利になる。

多年生雑草に有利な攪乱もある

攪乱によって遷移の進行はリセットされる。

そのため、攪乱の頻度が高ければスピード勝負の一年生雑草が有利になる。一方、攪乱の頻度が低ければ、競争力に勝る多年生雑草が有利になる。

しかし、必ずしも攪乱によって一年生雑草が有利になるわけではない。火山の噴火でできたばかりの土のない不毛な土地というゼロの状態にまでリセットされることがないように、攪乱の頻度や強さによっては、多年生雑草の得意とするステージで遷移の進行が止まるということもある。

たとえば河川の土手や道路の法面《のりめん》などは、年に数回程度の頻度で、定期的に草刈りが行われる。草刈りは地上部のみを取り除く作業なので、土の中に張り巡らされた雑草の根や、芋などの貯蔵器官はそのまま残る。そこを拠点として再生すればいいので、スピード勝負の一年生雑草よりも、地力に勝る多年生雑草が有利となる。

しかも定期的に草刈りは行われるので、木本《もくほん》植物のような競争に強く、攪乱に弱い植物が侵入してくることはない。適度な攪乱は多年生雑草にとって有利になるのである。

ただし、攪乱の頻度が高まったり、攪乱が強くなると多年生雑草は危うい。

再生しても再生しても、すぐに草刈りが行われるようになれば、栄養分を蓄積する余裕がなくなり、消耗してしまうのだ。

変化は雑草にとってチャンスである。

しかし、変化なら何でもいいというわけではない。雑草の種類によって、どのような変化が有利に働くかは異なるのだ。

多年生雑草の攪乱への対応策

耕されることも、雑草にとっては、大きな攪乱である。

草刈りであれば、根っこは残るが、耕されれば土ごとひっくり返されてしまうので、多年生雑草はひとたまりもない。

そのため、畑のような耕される場所は、短期間で素早く種子散布を行い、次から次へと芽を出す一年生雑草が有利となる。

ところが、そんな畑でも多年生の雑草が発生して問題になる。

多年生雑草は耕されるという攪乱に対して、どのように対応しているのだろうか。

対応策は三つある。

一つ目は、種子のような「コンパクトさを持つ」ことである。たとえば、小さな球根や芋のようなものをたくさんつける。種子ほどたくさんの数をつけることはできないが、球根や芋は、種子に比べれば栄養分も豊富で、生存率が高く、競争力もある。

二つ目は、「節目を持つ」ことである。

多年生雑草の中には、地下茎という地面の下に伸びる茎を持つものが多い。この地下茎には節目がある。そして、節目には、根や芽が発生する能力がある。耕されると地下茎は、ズタズタにちぎれてしまう。ところが、ちぎれた地下茎の節目から根や芽が再生する。そして、地下茎の断片のあちらこちらから芽を出すことによって、一本しかなかった雑草の

真の実力は見えないところにある

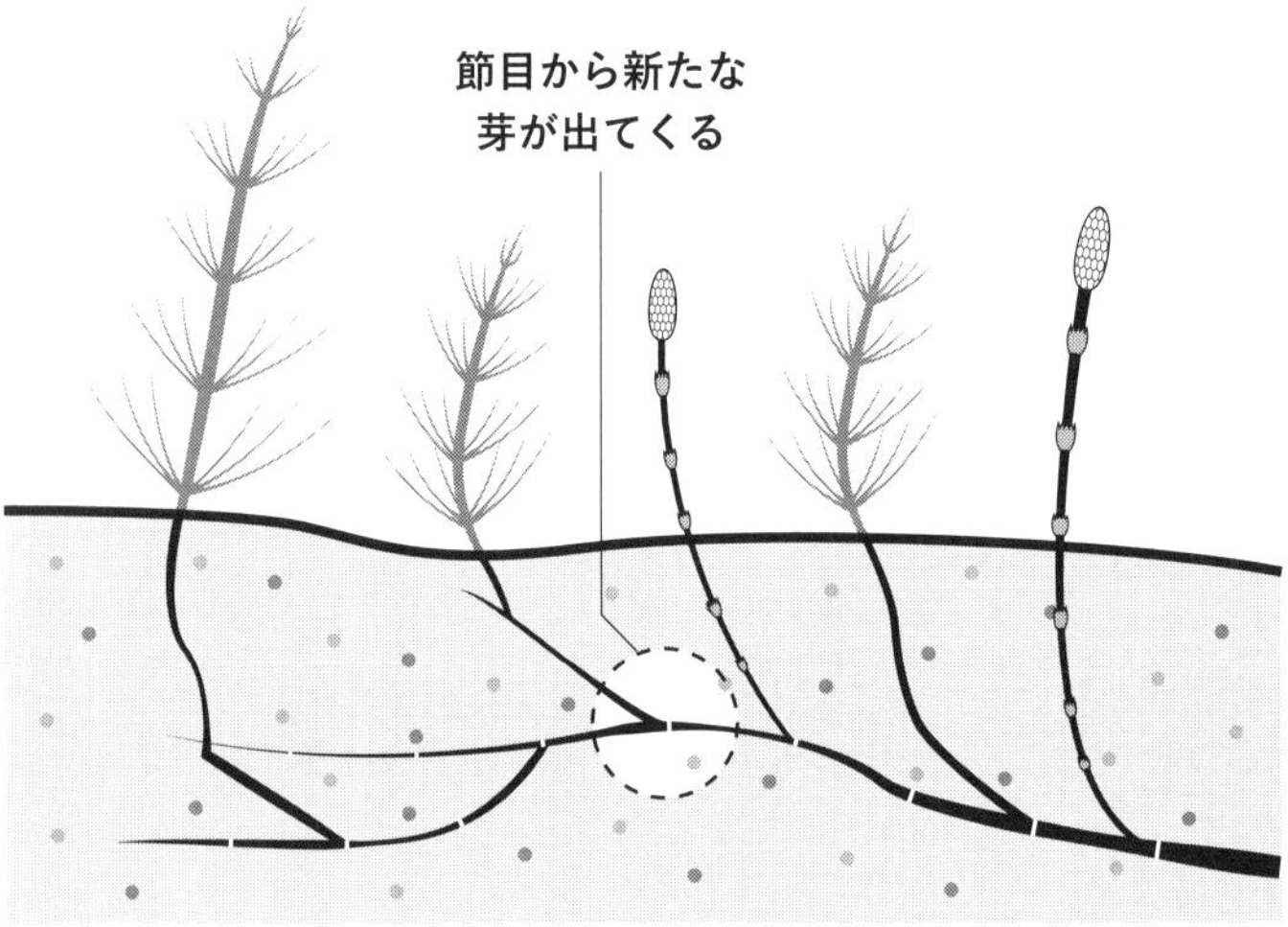

数が増えていくのである。

「季節の節目」「人生の節目」など、人間も節目を大切にするが、雑草にとって節目は再生のための基点となるのである。

節目を作るという成長は、ひたすらに茎を伸ばすという成長から見ると、一休みしているようにも思える。しかし、節目を作ることで雑草は攪乱を乗り越え、それどころか数を増やして成功につなげてしまうのである。

三つ目は「より深いところに拠点を持つ」ことである。

トラクターなどの機械を使っても、耕すことのできる深さはおよそ六〇センチメートルほどである。ところが、雑草の中にはそれよりも深いところまで地下茎を伸ばすものがある。

たとえば、胞子茎という繁殖のために芽を出す部位が「つくし」として知られているスギナは、一メートルから深いところでは二メートルの深さまで地下茎を伸ばしている。

セイヨウヒルガオというアサガオの仲間の多年生雑草は、驚くことに地下六メートルの深さまで地下茎を伸ばしていたことが記録されている。

これほどの深さにまで成長の拠点を確保していれば、地上で何が起ころうと何の影響もない。まるで、表面的な喧騒から離れた深い部分に、確固たる信念と志を抱いているようだ。

こんな雑草を除去することはできない。耕しても耕しても、地中深くから再生してくるのである。

こうした三つの対応策で、多年生雑草は耕されるという攪乱を乗り越えている。

実際には、多年生雑草は一年生雑草よりも成長のスピードに劣るため、草刈りと同じように頻繁に耕されると次第に消耗してしまう。しかし、定期的に耕される程度の攪乱であれば、それを利用していくのである。

ミゾソバ

第8章

雑草の成功法則「多様性」

小さなチャレンジを繰り返す

■小さな種子を播く

大きな種子と小さな種子は、どちらが有利だろうか。

大きな種子と小さな種子は、どちらもメリット、デメリットがある。

初期の成長を考えれば、大きな種子の方が有利である。

大きな種子は、それだけ栄養分を蓄えているから、それだけ大きな芽生えとなる。大きな芽生えの方が生存率も高まるし、その後の成長も早い。

ただし、親の植物が種子を生産するのに使うことのできる資源量は限られている。そのため、大きな種子を作ろうとすれば、その分だけ、生産できる種子の数は少なくなる。

それでは種子の大きさを小さくしたらどうだろう。

種子の数と生存率のトレードオフの関係

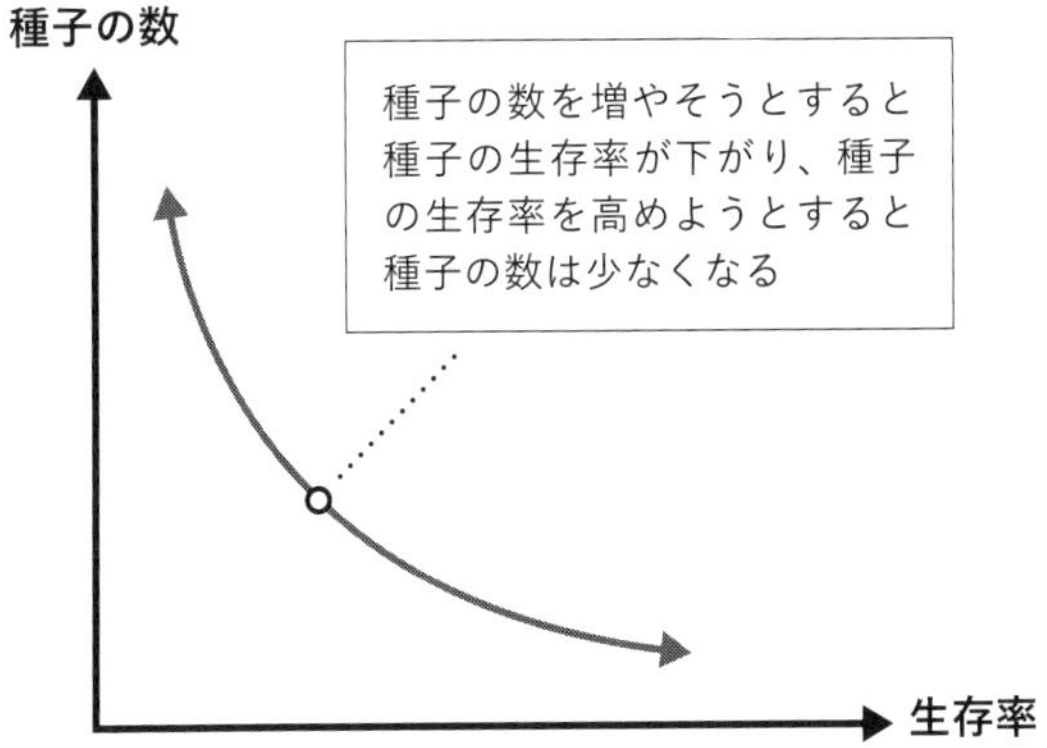
種子の数
種子の数を増やそうとすると種子の生存率が下がり、種子の生存率を高めようとすると種子の数は少なくなる
生存率

一つ一つの種子を小さくすれば、種子の数を増やすことができる。

しかし、小さな種子は栄養分も少ないから、芽生えも小さく、生存率も低い。

まさに、あちらを立てればこちらが立たず、こちらを立てればあちらが立たず。このように何かを求めれば、別の何かが犠牲になる関係は「トレードオフ」と呼ばれる。

このようなトレードオフの中で、それぞれの植物は、最適な種子の数とサイズを設定しているのである。

それでは、より変化の大きな攪乱が起こる場所では、どのような種子生産を選択すべきだろうか。少なくとも大きな種子を選ぶだろうか？　それとも、小さくともたくさんの種子を選ぶだろうか？

攪乱に生きる雑草の基本戦略は「たくさんの小さな種子」である。

何しろ、予測不能な変化が起こるのである。何が起こるかわからない、どう変化するかわからない状況では、何に投資していいのかわからない。

そうであるとすれば、少しでもさまざまな物に投資をした方がいいのである。

それが、「たくさんの小さな種子」の戦略である。

もちろん、たくさんの種子の多くは、生存することはできない。芽を出すこともできない。数え切れないほどの失敗がある。一万粒の種子をばら播く雑草は、一万粒の種子をばら播かなければ、どれが生き残るかわからないということでもある。

一万粒のうち一粒でも命をつなぐことができれば、その雑草にとっては、成功である。

そのためには、失敗しても投資のリスクが少ない、小さな種子をたくさん播くということになるのかも知れない。

数多くのチャンスを見つけては、小さなチャレンジを繰り返す。そして数多くの失敗の中に成功を見つける。それが、予測不能な変化を生きる雑草の戦略なのである。

■種子のサイズも変化する

繰り返しになるが、雑草の基本戦略は「たくさんの小さな種子」である。ただし、雑草によって置かれている環境もさまざまだから、雑草の中でも比較的大きな種子をつけるものもあるし、さらに極小の種子をつけるものもある。環境に合わせて種子サイズを変化させることもある。

スズメノテッポウ〈口絵❸〉という雑草の例を紹介しよう。

スズメノテッポウは、同じ種類の中に畑に生える「畑地型」と呼ばれる集団と、田んぼに生える「水田型」と呼ばれる集団とがある。

同じスズメノテッポウではあるが、種子のサイズは異なる。

それでは、畑に生える畑地型と、田んぼに生える水田型では、どちらの種子が小さいのだろうか。

じつは、畑地型の方が「たくさんの小さな種子」を選択している。

田んぼも畑も耕されるという条件は同じだが、田んぼは、毎年、春に耕すと決まっている。一方の畑は、作る野菜や作物によって耕す時期は決まっていない。年に何度も耕されることもある。つまり、畑の方が、攪乱が大きいのだ。

そのため、畑では「たくさんの小さな種子」の方が有利なのだ。スズメノテッポウの種子のサイズは大きく変化することはない。おおよその大きさは決まっている。しかし、その限られた範囲の中でも、あるものは「少しの大きな種子」を選択し、あるものは「たくさんの小さな種子」を選択した。

そして、水田では、「少しの大きな種子」を選択したものが生き残り、「たくさんの小さな種子」を選択したものは淘汰されていった。一方、畑では、「たくさんの小さな種子」を選択したものが生き残った。こうした淘汰を繰り返すことによって、同じスズメノテッポウの中にも、畑地型と水田型という二つのタイプが生まれたと考えられている。

畑地型と水田型とで、種子の大きさが異なるという事実は、わずかな種子の大きさの違いによって、生き残れるかどうかが決定づけられたことを意味しているのだ。

こうした、スズメノテッポウのチャレンジと淘汰によって、畑地型と水田型という別々の戦略が発達したのである。雑草が生き残るということは、そういうことなのである。

戦う場所はしぼる 武器はしぼらない

■オプションは捨てない

子どもたちに「ひっつき虫」の名前で親しまれているオナモミ〈口絵❹〉という雑草がある。

ひっつき虫と呼ばれるトゲトゲしたものは、オナモミの種子ではなく、オナモミの実である。このオナモミの実の中を開いてみると、種子が二つ入っている。

一つは早く芽を出す「せっかち屋」の種子である。もう一つの種子は、なかなか芽を出さない「のんびり屋」の種子である。この二つの種子は、どちらが有利だろうか。

「善は急げ」ということわざがある。何事も物事は早くした方がいい。ましてや雑草はスピード勝負である。「先んずれば人を制す」の言葉どおり、早く芽を出した方が成功するに違いない。

いや「急いては事を仕損じる」ということわざもある。何事もあせってはうまくいかない。物事は急がずに、じっくりと取り組んだ方がいいはずだ。

早く芽を出す種子とゆっくり芽を出す種子は、どちらが有利なのだろうか。

そもそも、どちらが有利かという問いそのものに誤りがある。

どちらが有利かは、置かれた環境や状況によって異なる。

雑草が生えるのは、予測不能な変化が起こる環境である。何が正しいかわからないのであれば、両方、用意しておく方がいい。

だからこそ、オナモミは性質の異なる種子を両方持っているのだ。

多様性に価値がある

二つの種子を持つオナモミは、象徴的なわかりやすい例であるが、多くの雑草の種子が発芽のタイミングにバラツキを持たせている。

すでに紹介したように、雑草の種子は土の中でチャンスを待ち続けている。

しかし、チャンスが来たからといって、すべての種子が芽を出すわけではない。チャンスをつかんでいち早く芽を出す種子がある一方で、チャンスが来てものんびりと眠り続けている種子もある。

野菜や草花の種子を播けば、すぐにそろって芽を出してくるが、雑草の種子がそろって芽が出てくることはない。色々な性質を持った種子があるから、次から次へと芽を出してくる。そのため、雑草は全滅することはない。草むしりをしても、除草剤をまいても、次から次へと芽を出してくる。

種子の性質がバラバラであるという「多様性」が雑草の武器なのだ。

発芽のタイミングだけではない。雑草の種子は、さまざまな特性を持っている。あるものは寒さに強く、あるものは暑さに強い。あるものは乾燥に強く、あるものは病気に強い。雑草は、強みも個性もバラバラな子孫を残すのである。

雑草が生えている環境は変化する環境である。何が起こるかわからない環境である。ある雑草が、どんなに成功を収めたとしても、それはその場所の環境でたまたま成功しただけのことである。変化が起こる環境では、次の世代がどのような逆境の中で生きなければならないのか、わからない。

だから、雑草は自分の特性を次の世代に押しつけるのではなく、できるだけさまざまなタイプの子孫を残そうとするのである。

■多様性を生み出す仕組み

このような多様性は、どのようにして維持されているのだろう。

花が受粉する方法には「他殖」と「自殖」という二つの方法がある。

一般に植物は、ハチなどの昆虫が花粉を運ぶ。こうして、他の株と花粉を交換して受粉をするのだ。このように、違う株どうしが花粉を交換して受粉するスタイルを「他殖」という。

これに対して、自分の花粉を自分のめしべにつけて自己完結で受粉してしまう「自殖」という方法もある。

自殖はメリットが大きい方法である。

何しろ、誰の助けを受けなくても種子を作ることができる。

まわりに仲間がいなくても自分だけで種子を作ることができる。さらには、花粉を運んでくれる昆虫がいなくても平気だ。

それだけではない。自分の花粉を自分のめしべにつければいいのだから、花粉が少なくてもいい。

他殖に比べると、自殖はずいぶんとメリットがあるように思える。それなのに、植物が効率の悪い他殖をするのはどうしてなのだろうか。

それは、多様性を生み出すためである。

自分だけで作った種子は、それぞれ異なった性質を出そうと思っても限界がある。他の植物と花粉を交換し、自分にはない遺伝子を入れることによって、さまざまな性質の種子を作ることができる。

植物が世代を超えて生き抜いていくためには多様性は不可欠なのだ。

さらに、人間でも「近親交配」が避けられるように、あまりに似通った者どうしで掛け合わせると生存に不利な形質が現れる。自殖というのは、究極の近親交配であるため、有害な形質が現れやすくなってしまうのだ。

そのため、植物はコストを掛けて、リスクを負って、他殖をする。

こうして、多様性を維持しているのである。

■それでも雑草は自殖する

多様性を生み出すには他殖が必要である。

ところが、である。

多様性を重視しているはずの雑草の多くは、あろうことか自殖をする。

自殖をすることは、雑草にとって強みとなっているのだ。

雑草が街の中にポツンと一本で生えることができるのは、自然が少なく、過酷な環境でも種子を残す、自殖という仕組みを持っているからなのである。

しかし、自殖を続けていれば、多様性を維持することが難しくなる。そのため、雑草の多くは自殖だけに頼るのではなく、他殖も自殖もどちらも行うことができるという「両掛け戦略」をとるものが多い。

他殖には他殖のメリットがある。自殖には自殖のメリットがある。そうであるとすれば、どちらか一方を選ぶのではなく、他殖も自殖もどちらもできる方がいい。オプションはたくさんある方がいいのだ。

この自殖と他殖をシステマチックに両立させている雑草もある。

たとえば、ハコベやオオイヌノフグリ、ツユクサなどの雑草は、花を咲かせて他殖を目指しているが、昆虫がやって来ないと花が閉じるときにおしべが自分のめしべにくっついて自殖をする。ちゃんと昆虫が来なかったときのために保険を掛けて、二の矢を継いでいるのだ。

あるいはスミレは、ハチやアブなどの昆虫が盛んに飛び回る春には、私たちがよく知る紫色の花を咲かせる。これは昆虫を呼び寄せる他殖のための花である。

ところが、夏が近づいて気温が高まってくると、暑いのが苦手なハチやアブなどの活動は鈍くなる。そこで、花が開くことなく、つぼみのままで自殖する「閉鎖花」という特異的な花をつける。

春の野原を彩るホトケノザも、春の間は花を咲かせるが、春も終わりになってくるとつぼみのままの閉鎖花をつけるようになる。こうして、他殖と自殖の両方を行っているのである。

ミゾソバ〈口絵❺〉という雑草の戦略はさらに興味深い。

ミゾソバはピンク色の花が特徴的だ。よく目立つこの花は昆虫を呼び寄せるための他殖用の花である。これに対して、根っこに近い地面の下にある茎には、閉鎖花をつける。昆虫が来るわけではないから、地面の下にあっても問題ないのだ。

地面の下にできた種子は遠くに移動することはできないが、自殖によって作られた種子は、親とよく似た性質を持っている。そのため、そうした種子は、親が生えていた場所でそのまま芽を出す方が有利である。

一方、他殖によって作られた種子は、親とは異なる性質を持っているから、新しい土地にチャレンジした方が良い。そのため、水に流されるなどして遠くへと散布されていくのである。

何とも合理的な方法である。

■「両掛け戦略」で変化に対応する

雑草が生えている場所は「変化する環境」である。何が正しくて、何が間違っているかは、環境によって異なる。成功したか失敗したかも結果論でしかない。

何が正しいかは誰にもわからないのだ。

雑草は、常に「答えのわからない」環境に置かれている。

どちらが正しいかわからないときに、どうするか。

雑草の答えは、明確である。どちらが正しいのかわからないのであれば、両方持っておくことが正しい。

早く芽を出した方が有利なのか、遅く芽を出した方が有利なのかは、環境によって異なる。だから、雑草は早く芽が出る種子と、遅く芽を出す種子を用意している。

多様性を維持するためには、他殖が不可欠である。しかし、自殖もメリットが大きい。

そうであるとすれば、他殖と自殖のどちらも兼ね備えておく方が有利なのだ。

横へ広がってテリトリーを広げる陣地拡大型戦略が良いのか、縦に伸びてテリトリーを強化する陣地強化型戦略が良いのか。

種子で増える方が良いのか、根や茎などの栄養繁殖器官で増えた方が良いのか。

これまでも、二者択一のさまざまな雑草の選択を紹介した。そのとき、多くの雑草は、そのどちらもオプションとして残しておくという「両掛け戦略」を行っていた。

雑草は、戦う場所を戦略的に選んでいる。

しかし、武器は多い方がいいから、持っている武器は捨てない。あらゆるオプションを持つことが、変化に対応する上では重要なのだ。

いらない個性はない

■雑草にとっての「個性」

変化する環境に生きる雑草にとって、重要なキーワードは多様性である。多様な戦略があり、それを支える多様なオプションがあり、そして、それを支える多様な集団がある。

雑草の集団はバラバラである。それが強さの源泉なのである。

94ページで紹介したように、雑草の変化する仕組みには、環境によって変化することができる「表現的可塑性」と、もともとの生まれつきの性質がバラバラであるという「遺伝的多様性」とがあった。ここでは「遺伝的多様性」に注目してみよう。

遺伝的にばらつきがある集団は、擬人化した言い方をすれば「個性ある集団」ということになる。雑草にとって、「個性」とはいったい、何なのだろうか。

多様性のある雑草とは逆に、多様性のない特異的な植物の集団がある。それが、人間の栽培する農作物である。

農作物は人間が作り出したエリートの植物である。たとえば、コシヒカリの種子を播いたはずなのに、米粒によって味がバラバラでは困る。稲穂が実る時期がバラバラでも収穫できない。そのため、農作物は、均一になるように選抜されている。文字どおり粒ぞろいの集団なのだ。

そこに求められるのは、多様性ではない。均一性である。

象徴的なエピソードがある。

一八四〇年代に、アイルランドでは突如としてジャガイモの疫病が大流行し、記録的な飢饉となってしまった。百万人にも及ぶ人々が餓死し、二百万人もの人々が故郷を捨てて国外へ脱出しなければならなくなったのだ。

この歴史的な事件の背景には、ジャガイモの均一性があった。

ジャガイモはイモで増やすことができる。そのため、アイルランドではたった一つの株から増やしたジャガイモの品種を国中で栽培していたのである。一つの品種しかないということは、その品種がある病気に弱ければ、国中のジャガイモがその病気に弱いということになってしまう。そして、国中のジャガイモが壊滅してしまう事態に陥ってしまったのである。

作物は、人間が優秀なものの中から、さらに優秀なものを選び抜いた選りすぐりである。しかし、それは人間の限られた基準で選ばれたに過ぎない。人間の保護下であればいいかも知れないが、そんな限られた優秀さで生き抜けるほど、自然界は甘くはないのだ。

雑草では、そのようなことは起こりにくい。

ある株がある病気に弱くても、別の株はその病気に強い。その株が違う病気に弱かったとしても、また別の株はその病気に強い。さまざまな性質を持つ株で集団が形成されているから、全滅することはないのだ。

■ゴルフ場に適応する

スズメノカタビラ〈口絵❻〉は、ゴルフ場に生える雑草である。

雑草にとって、ゴルフ場は過酷な環境である。何しろ頻繁に草刈りが行われる。スズメノカタビラはイネ科の雑草である。すでに紹介したように、イネ科の雑草は成長点を低く地際に保つことで、草刈りに適応しているのだ。

問題は、穂を出すときである。穂を出すときには茎を伸ばさなければならない。しかし、茎を伸ばせば、大切な穂を刈られてしまう。

そこで、ゴルフ場に生えるスズメノカタビラは、草刈りされる高さよりも低いところで穂をつけるという特殊な性質を身につけている。

ただし、ゴルフ場には、フェアウェイ、ラフ、グリーンなどさまざまな場所があり、それぞれ異なった高さで芝刈りが行われている。ゴルフコースの中心となるフェアウェイは、短く芝が刈りそろえられている。一方、コースの外のラフは、ボールが打ちにくいように、芝が長めになっている。

興味深いことに、フェアウェイとラフから、スズメノカタビラの株を取ってきて栽培すると、芝刈りが行われない環境であるにもかかわらず、フェアウェイのスズメノカタビラは、ラフのものよりも低い位置で穂をつけるのだ。

ラフの芝刈り高は三五ミリメートル、フェアウェイの芝刈り高は一五ミリメートル。驚くことに、フェアウェイとラフのスズメノカタビラは、それぞれの芝刈りの高さに合わせて穂をつけるように適応していたのである。

それでは、グリーンはどうだろう。

グリーンは、ゴルフ場ではもっとも低い位置で芝を刈っている。その高さは三～五ミリメートル。この高さはラフやフェアウェイと比較しても、格段に低い。ところが、スズメノカタビラはすごい。地際ギリギリの高さで行われる芝刈りよりも、低い位置で穂をつけるのである。

■常識外れが変化を起こす

キリンは途方もない時間を掛けて、途方もない世代を重ねて、高い木の上の葉に届く長い首を持つように進化した。

スズメノカタビラが、ゴルフ場の芝刈りに適応してこのような特殊な変化をするのに、いったい、どれくらいの期間が必要だったのだろうか。

スズメノカタビラにとって、長い時間を掛けることはできない。何しろ、頻繁に芝刈りは行われる。一度の芝刈りで穂をつけることができなければ、種子を残すことはできない。チャンスは何度もない。変化に対応するのに一刻の猶予も許されないのだ。

雑草が変化を起こすものは、「表現的可塑性」と「遺伝的多様性」である。スズメノカタビラには表現的可塑性もある。芝刈りが行われれば、その刺激を感知したスズメノカタビラは低い位置に穂をつけようとする。こうして芝刈りに適応しようとするのである。

しかし、表現的可塑性には限界がある。何しろゴルフ場のグリーンの芝刈りの高さはわずか数ミリという厳しさである。さすがのスズメノカタビラも、この芝刈りに適応するのは、簡単ではない。

ところが、スズメノカタビラの中には、極めて低い位置に穂をつける能力を持つものがいる。これは、スズメノカタビラの中では「変わり者」なのかも知れない。何しろ、地面から数ミリの高さで穂をつける能力は、自然界ではほとんど役に立たないのだ。この極めて奇妙な、極めて特殊な能力が、ゴルフ場のグリーンという特別な場所では力を発揮する。そして、この一風変わったスズメノカタビラが生み出した子孫たちによって、ゴルフ場のグリーンという過酷な環境にスズメノカタビラは進出しているのである。

低い位置で穂をつけることができる能力は、ほとんどの場所で役に立たない。しかし、その変わり者をスズメノカタビラの集団は作り続けているのだ。

他の例もある。除草剤は、雑草を防除するのにとても便利なアイテムだが、最近では除草剤の効かない「除草剤抵抗性雑草」が問題になっている。

除草剤で枯れてしまっては、生き残ることはできない。

しかし、多様な集団の中には除草剤が効かない特殊な遺伝子を持っている者がいる。そのわずかに生き残った個体が種子を残し、除草剤の効かない遺伝子を持つ個体が次第に増えていくのである。

しかし、除草剤などは人間が近代になって作り出した代物である。「除草剤の効かない遺伝子」など、自然界では何の役にも立たない。それどころか、生存する上では不利になることも多い。言わば変わり者であり、言わば劣等生である。しかし、そんな役にも立たない変わり者を雑草の集団は生み続け、維持し続けている。

これだけの多様性があるから、ゴルフ場のグリーンや除草剤という、自然界では考えられないような特殊な環境に対しても、適応する集団を作っていくのだ。

■何が正解かはわからない

タンポポの花は黄色である。

真っ赤なタンポポや、紫色のタンポポはない。そこには多様性も個性もないのである。

どうしてだろう。

タンポポの花は、アブの仲間を呼び寄せる。アブの仲間は黄色い花に集まりやすい。つまり、タンポポにとって花の色は黄色がベストなのである。

何でも多様性があれば良いというものではない。明確な答えがあるものに対しては、雑草も多様性を持たないのだ。

しかし、タンポポの葉の形には多様性がある。おそらく、葉の形には正解がない。そのため、多様な葉の形が存在しているのだ。

何が正解かわからない。何が正解かは環境によって異なる。

答えがわからないものに対して、雑草は多様性を持つ。多様性があるということには、意味があるのだ。

雑草だけではない。すべての生物がそうである。

たとえば、人間の目は二つである。たまに目が三つある人がいるわけではない。人間の目は二つがベストである。だから誰もが目を二つ持つ。そこには個性はないのだ。

しかし、人間の顔には個性がある。性格にも個性がある。能力にも個性がある。そうだとすれば、その個性には意味があるはずなのである。

雑草は、自らのコピーを増やす戦略よりも、多様性のある異能集団を維持することに努力を払ってきた。

正解のない時代、予測不能な変化の時代に何が必要か。雑草の進化はそれを物語っているのかも知れない。

スズメノカタビラ

第9章

雑草の成功法則とは何か？

雑草の戦略まとめ

変化を生き抜く条件

第4章〜第8章では、雑草の戦略を「逆境」「変化」「多様性」の要素に分けて紹介した。

ここでは、この三つの要素の関係を軸としながら、雑草の戦略を整理してみたい。

これまで紹介してきた雑草の戦略を、変化への対応に焦点を当てて整理すると、次のような流れを見ることができるだろう。

①弱さを見つめ、強みに集中する
②シンプルにすることで新たな価値を生み出す
③できるだけ戦わない。変化によって生み出される新しい環境を捉える
④戦う場所はしぼり込む。オプションはしぼり込まない
⑤安易な価値付けをせず、多様であることに価値を置く

順番に見ていくことにしよう。

① 弱さを見つめ、強みに集中する

「雑草は弱い植物である」

これが、すべての出発点である。

雑草は競争に弱い。この前提に立った上で、雑草は得意なところで勝負している。

それが「変化する環境」である。

雑草は弱い植物である。しかし、私たち人間の目には、雑草は強くたくましい植物として映っている。それは自らの弱みを避けて、強みだけで勝負しているからなのだ。

さらに、雑草が「変化する環境」に強みを見出したのには理由がある。

じつは、変化こそが、強い植物がもっとも力を発揮できない場所である。そして、変化する環境は、弱い植物にとってチャンスでしかない。変化が多いということは、それだけチャンスが多いということなのである。

② シンプルにすることで新たな価値を生み出す

変化する環境を選んだ雑草にとって、有利に働いたのは、「草」というシステムであっ

た。

もともと植物は、大木となる樹木として進化した。安定した環境では、強い者が間違いなく勝つ。そして、植物にとって強い者とは大きい者である。とにかく、大きければ、光を存分に受けて、わかりやすく有利になることができるのだ。

しかし、恐竜時代の終わり頃に、環境が大きく変化し、気候が変化する時代が訪れる。「変化の時代」がやってきたのである。

そこで植物の世界に起こったイノベーションが、「裸子植物から被子植物へ」であった。被子植物が持つシステムは、旧来の裸子植物のシステムに比べて、短時間で種子を作ることができる。このイノベーションによって、植物の進化は加速した。

そして、美しい花を咲かせて種子を作る植物を生み出した。美しい花を咲かせ、昆虫に花粉を運ばせるという画期的な仕組みは、さらに植物の進化を加速させて、大きくならず成長のスピードで勝負する「草」という新しいスタイルが発展を遂げるのである。

変化の時代に新しい価値を生み出したものは、「シンプルさ」であった。

このシンプルさが、成長の「スピード」や変化に対応する「フレキシブルさ」、困難を乗り越える「レジリアンス」など、さまざまな付加価値を生み出したのである。

この付加価値を、人間が作り出す変化に対応できるまでに高度に磨き上げていった植物が雑草である。

血みどろのビジネス競争をレッドオーシャン（赤い海）にたとえ、W・チャン・キムとレネ・モボルニュは、競争のないブルーオーシャン（青い海）でビジネス活動を行うブルーオーシャン戦略を提唱した。

ブルーオーシャン戦略では、競争のないブルーオーシャンはどこにあるのかという探索に熱心になりがちだが、実際には異なる。

従来から知られていたマイケル・ポーターの競争戦略は、競争に勝つ要因として、「低価格化」か「高価値化」のいずれかを推進することであると説いている。これに対して、ブルーオーシャン戦略は、「不要な機能を減らす」ことで低価格を目指すとともに「新しい機能を増やす」ことで、高価値化を目指すという理論である。

「木から草へ」という植物の進化は、まさに不要な機能を減らしながら、新しい付加価値を生み出している。

そして、この「草」という新しいスタイルが、これまでの植物が生えることのできない新たなブルーオーシャンに次々に生えていく「雑草」という新しいモデルを作り出したのである。

③ できるだけ戦わない。変化によって生み出される新しい環境を捉える

「できるだけ戦わない」

じつは、これは生物に共通して見られる戦略である。

生物の世界では、激しい競争が繰り広げられている。生き物の戦いは「ニッチ」という自らの居場所を巡る戦いである。勝ってニッチを獲得した生物は生き残り、敗れてニッチを奪われた生物はこの世から滅びるという厳しい戦いである。

どんなに強者を気取ってみても、勝ち続けることは容易ではない。できるだけ戦わない、そして、勝てるところで勝負する。それが、地球で進化を続け、勝ち残ってきた生物の鉄則なのだ。

ニッチとは「ナンバー1になれるオンリー1の場所」である。

生物の世界は、このニッチを奪い合う戦いだ。

しかし、ナンバー1になれるオンリー1の場所を獲得するチャンスが増える条件がある。それが「環境の変化」である。環境に変化が起これば、新しい環境が生み出される。新しい環境の多くは、どの生物も占めていない空白の場所だ。そのため、変化は多くの生物にとってチャンスなのである。

この「変化を捉える」という点で、強みを発揮するように進化を遂げたのが雑草である。

雑草にとって「変化」とは、逆境ではない。耐えなければならないものでもないし、乗り越えなければならないものでもない。

雑草にとって変化とは、チャンス以外の何物でもないのだ。

④ 戦う場所はしぼり込む。オプションはしぼり込まない

Aがいいのか、Bがいいのか、選択に迷うときはある。しかし、AかBか判断できないのであれば、選択肢は捨ててはいけない。どちらがより良いか、どちらがより正しいかは、環境が変化すれば変わってしまうからだ。

自分の得意な場所に生える。これが雑草の極意である。だから、雑草は戦う場所をしぼり込む。しかし、オプションをしぼり込んではいけないのである。

⑤ 安易な価値付けをせず、多様であることに価値を置く

オプションは多ければ多いほどいい。

何に価値があるのかわからない。今、価値あるものが永遠に価値を持ち続けるとは限らない。

雑草が勝負をしている環境は、変化が起こる場所である。しかも、その変化は、予測不能な変化なのだ。変化に対応する上で、もっとも危険なことは、単純な価値基準で、安易に価値を定めてしまうことである。「大きければ大きいほど優れている」「早ければ早いほど優れている」――そんな単純なものさしは、環境が変化すれば簡単に崩れてしまう。大きい方がいいのか、小さい方がいいのかわからない。早い方がいいのか、遅い方がいいのかわからない、そんな予測不能な環境の中で、唯一、雑草が拠り所としている価値は「多様である」ということだけなのである。

■理想的な雑草

これまで見てきたように、雑草とは、予測不能な変化が起こる特殊な環境に適応して、特殊な進化を遂げた特殊な植物である。雑草として振る舞うことができるのは、選ばれた一部の植物だけなのである。

それでは、その特殊性とは、どのようなものなのだろうか。

雑草と呼ばれる植物は、共通した特徴がある。このような、植物が雑草として成功するための特性を「雑草性（weediness）」と言う。

雑草性を有する植物が、環境の変化に適応し、雑草となることができるのである。

雑草学者として著名なベーカーは、この雑草性を「理想的な雑草の特徴」として、次の一二の項目にまとめている。

なお、理想的というのは、人間にとってではなく、雑草にとってということだ。

①種子に休眠性を持ち、発芽に必要な環境要求が多要因で複雑である
②発芽が不斉一で、埋土種子の寿命が長い
③栄養成長が早く、速やかに開花に到ることができる
④生育可能な限り、長期にわたって種子生産する
⑤自家和合性であるが、絶対的な自殖性やアポミクティックではない
⑥他家受粉の場合、風媒かあるいは虫媒であっても昆虫を特定しない
⑦好適環境下においては種子を多産する
⑧不良環境下でも幾らかの種子を生産することができる
⑨近距離、遠距離への巧妙な種子散布機構を持つ
⑩多年性である場合、切断された栄養器官からの強勢な繁殖力と再生力を持つ
⑪多年性である場合、人間の撹乱より深い土中に休眠芽を持つ
⑫種間競争を有利にするための特有の仕組みを持つ

これらの特徴は、雑草が逆境に生き残るためのポイントであり、雑草の成功の秘訣でもある。

雑草と呼ばれる植物が、すべての特徴を持っているわけではないが、このうちのいくつかの特徴は間違いなく持っている。そして、この特徴を多く持っているものが、雑草にとっての「理想的な雑草」なのだ。

これらの特徴は、果たしてビジネスの場面でも参考になるのだろうか。

ポイントを整理してみよう。

① 種子に休眠性を持ち、発芽に必要な環境要求が多要因で複雑である

急いては事を仕損じる。雑草にとっては行動を起こす発芽のタイミングが、成功を左右する大きな要因である。だから、最適のタイミングで発芽するために、さまざまな環境情報から発芽時期を決定するのである。

② 発芽が不斉一で、埋土種子の寿命が長い

一斉に発芽してしまうと全滅してしまう可能性がある。すべての資源を一度に投入してはいけない。地面の下に豊富な埋土種子を控えさせて、二の矢、三の矢を準備しておく。

そして、タイミングを見て次々と発芽していくのである。

そして、土の中の種子は、来たるべき好機を長い年月待ち続けることができる。この土の中の見えない潜在能力こそが雑草の強さである。

③栄養成長が早く、速やかに開花に到ることができる

「早さ」は雑草の成功の重要なキーワードである。芽を出すまでは時間を掛ける。しかし、事を始めればもうとどまることは許されない。芽を出した後は、いち早く成長し、自分の生存場所を確保するのである。予測不能な環境では何が起こるかわからない。不安定な状況にあればあるほど、小さくても早く花を咲かせるスピードが問われるのである。

④生育可能な限り、長期にわたって種子生産する

花を咲かせて種子を残すことは雑草の生きる目的である。しかし、一つの花を咲かせたらそれで終わりではない。可能な限り次々と花を咲かせ、できるだけ多くの種子を残すのである。自分で終わりを決めて満足してしまったら、そこで成長は止まってしまうのだ。

種子を残すことが目的であれば、力の限り種子を生産する。それが雑草である。

⑤ 自家和合性であるが、絶対的な自殖性やアポミクティックではない

自分の花粉を自分のめしべにつけて種子を作ることができる能力を「自家和合性」や「自殖性」と言う。また、「アポミクティック」とは、受粉しなくても、自分のクローンの種子を作ることのできる能力のことで、いずれも、相手がいなくても自分だけで種子を残すことができる性質を表している。

自家和合性であれば、他の個体と交わることなく、たとえ一個体であっても種子を残すことができる。このように自己完結できることが、雑草の大きな強みである。しかし、自分だけで作る種子では、自分の能力を超えた種子を作ることは難しい。そのため、自己完結できる力を持ちながらも、状況に応じて他の個体と遺伝資源を交換する柔軟さを持っていることが重要なのである。

⑥ 他家受粉の場合、風媒かあるいは虫媒であっても昆虫を特定しない

昆虫は、花粉を運び交配を助けてくれる優秀なパートナーである。しかし、特定の昆虫だけに頼っていては、何か起こったときには当てにならない。選り好みせず、より多くの種類の昆虫と広範にパートナーシップを結んでいたり、あるいは昆虫がいなくても風で花粉を運ぶような仕組みを持っていると有利である。常に万が一のオペレーションを考えて

おく必要がある。もしもの非常時には、手段は多ければ多い方がいいのだ。

⑦ 好適環境下においては種子を多産する

条件が悪いところでも花を咲かせることができることは、雑草の特徴の一つである。しかし、逆境に耐えるだけが雑草の強さではない。条件が良ければその潜在的実力をいかんなく発揮することも、雑草のもう一つの強さである。良い条件では、「種子を残す」という本来の目的を見失って、葉ばかりを茂らせてしまう植物も多い。しかし、雑草は目的を見失うことはなく、すべての資源を目的達成のために費やす。

「多産」は雑草が成功するためのキーワードである。成長すればするほど、それだけたくさんの種子を生産することができるのだ。

⑧ 不良環境下でも幾らかの種子を生産することができる

たとえわずかであっても種子を残すことが雑草の目的である。どんなに逆境に耐えて成長しても種子を残すことができなければ意味がないのである。苦境にあってもわずかな種子を残すことに最善を尽くす。それが雑草の生き方の真骨頂だろう。どんなに葉を茂らせても種子を残せないのであれば意味はない。それよりも、たった一粒でもいい、種子を残した者が勝ちなのだ。

⑨ 近距離、遠距離への巧妙な種子散布機構を持つ

動けない植物にとって、種子は動くことのできるチャンスである。種子は、まだ見ぬ土地に分布を広げるチャレンジそのものだ。

ただ、種子を作って今いる場所に落とすだけでは能がなさすぎる。まだ見ぬ未知の場所へ種子を飛ばすのだ。雑草は、分布を広げるために、高度に発達させたさまざまな仕組みを持っているのである。

⑩ 多年性である場合、切断された栄養器官からの強勢な繁殖力と再生力を持つ

成長の過程で切られることも、折られることもある。しかし、そこで枯れてしまうほど雑草は弱くない。再び、芽を出し成長を始めるのである。それだけではない。切断された栄養器官から芽を出し、逆境を逆手にとって増殖してしまうのである。

⑪ 多年性である場合、人間の攪乱より深い土中に休眠芽を持つ

耕されたり、刈られたり――。雑草の生存場所にはさまざまな攪乱が起こる。

その攪乱に対応していくことはもちろん大切である。しかし、表面的な喧騒に巻き込まれることなく、人の手の届かない深いところでじっと休眠する芽を持っている。何が起こっても、どんな変化があろうと、地中深くにその芽はある。そして、地中深くにある芽を基点として何度でも伸びてゆくから、攪乱に惑わされず力を発揮することができるのである。

⑫ 種間競争を有利にするための特有の仕組みを持つ

植物の世界は激しい競争の世界である。光や水分、肥料分など限られた資源を奪い合って多くの植物が成長を競っている。その競争を少しでも有利にするために植物はさまざまな技を発達させている。激しい競争に挑む中で、それぞれの雑草が自分流のスタイルを発達させている。得意な型を持たない者は激しい競争社会で生き残ることはできないのである。

セイタカアワダチソウ

第10章

雑草の特徴的な戦略

予測不能な変化が起こる環境を生きる雑草には共通する特徴があり、共通する戦略がある。

しかし、雑草の具体的な戦略は多種多様だ。雑草の数だけ戦略があると言っていい。

雑草に限らず、生物の世界で重要なことは、オンリー1であるということだ。オンリー1であるためには、オンリー1の戦略を持つ必要がある。

隣の生物の戦略を真似しているだけでは、激しい競争に巻き込まれて、勝者となることができない。自然界を生き抜く上では、オンリー1の戦略を持ち、オンリー1の地位を確保することが重要となるのだ。

雑草の戦略の中には、目を見張るようなさまざまな戦略がある。

ここでは、雑草の特徴的な戦略を見ていくことにしよう。

戦略 1

ドミナント戦略

アブという昆虫は、ハチよりも低い気温で活動を始める。そのため、まだ気温の低い春先に花を咲かせる雑草は、アブに花粉を運んでもらうことが必要になる。

しかし、アブは、花粉を運ぶパートナーとして決定的な欠点がある。

アブは、ハチに比べてあまり頭のいい昆虫とは言えないのだ。ハチは頭のいい昆虫なので、同じ種類の花を選んで花粉を運ぶことができる。ところが、アブは花の種類を識別することなく、あらゆる種類の花に花粉を運んでしまう。タンポポの花粉をナノハナに運んでみたり、ナノハナの花粉をナズナに運んでしまったりする。これでは、植物は種子を作ることができない。植物はどうすれば、アブを使って、同じ種類の花に花粉を運ばせることができるだろうか。

その秘策こそが、集まって咲くことである。

アブが、めちゃくちゃに花を回ったとしても、同じ種類の花が集まっていれば、同じ種類の花を回って飛ぶことだろう。アブの移動範囲を狭くしてやることによって、アブは効率的に同じ種類の花を回るのである。

しかも、アブの仲間は、ハチに比べると飛翔能力も劣る。そのため、たとえばタンポポが集まって咲いていれば、アブがやたらめったらに飛び回っても、タンポポどうしで受粉することができる。

じつは、春に咲く草花の多くが、アブに花粉を運んでもらっているので、それらの植物は群落を作って、群れて咲いている。

春になると、たくさんの花が集まって咲き、野原にお花畑ができるのは、そのためなのだ。ビジネスの世界において、ある地域での出店を集中的に進めることを「ドミナント戦略」というが、それに似ている。

タンポポには、昔から日本に自生している日本タンポポと、明治時代以降に日本に帰化した外来の西洋タンポポの二種類があるが、日本タンポポは集まって咲く戦略である。

一方の西洋タンポポは群落を作らず、単独で生えることができる。西洋タンポポは、仲間の株がなくても、自分一株だけで種子を作る特殊な能力を持っている。そのため、一株だけで生えることができるのである。

戦略

2

コスモポリタン戦略

ビジネスの世界では、特定の専門性を有する「スペシャリスト」と、さまざまな分野で広範囲に働くことのできる「ジェネラリスト」という働き方がある。

生物の世界にも、特定の環境を得意とするスペシャリストと、広範な環境で暮らすことのできるジェネラリストとがある。

スペシャリストとジェネラリストは、どちらが有利なのだろうか。

自然界の生物の世界では、圧倒的にスペシャリストの方がジェネラリストよりも数が多い。

ナンバー1であり、オンリー1であるニッチを獲得するためには、その環境のスペシャリストとなる必要があるのだ。しかし、自然界の生物には、さまざまな環境に広く分布するジェネナリストも存在する。ということは、ジェネラリストもまた、存在価値があるということなのだ。

ある環境に有利になるということは、別の環境では不利になることを意味している。あちらを立てればこちらが立たずというトレードオフの関係になっているのだ。このトレードオフの関係が強ければ強いほど、スペシャリストとなる必要性が高まる。

しかし、トレードオフの関係が弱いと、さまざまな環境に適応することができるジェネラリストが有利になるのである。

世界を股に掛けて活躍する国際的な人材は「コスモポリタン」と呼ばれるが、雑草でも世界中あらゆるところで目にすることができる雑草は「コスモポリタン」と呼ばれている。

海外旅行に出掛けても、日本と同じような雑草を目にすることがあるが、それらの雑草がコスモポリタンだ。コスモポリタンの条件は、あらゆる環境で生き残ることのできる適応性の広さだ。

雑草は変化する環境に適応するといっても、踏まれるところが得意だとか、草刈りされるところが得意だとか、得意不得意がある。得意な場所で生き残り続けるためには、ある程度、「スペシャリスト」であることが求められる。田んぼの雑草は、田んぼという環境に適した雑草となり、道ばたの雑草は、道ばたという環境に適した雑草になるのだ。

そして、その結果、トレードオフの関係に悩まされることになるのだ。一方、踏まれ続けることや、草刈りをされ続けることは、ある意味では、予測可能な変化であり、ある意味では安定した環境であるとも言える。しかし、コスモポリタンはそんな約束された変化は好まない。真に不安定な環境を求め続けるのだ。「不安定な環境」という条件を満たす場所はどこにでもあるし、世界中にある。

ジェネラリストの雑草は、そんな不安定な環境を求めて世界中に広がっているのだ。

微生物の研究によれば、微生物はジェネラリストから、環境に適応してスペシャリストに変化していくものが多いという。しかし、環境に適応したスペシャリストは、その環境に特化するあまり袋小路に入ってしまうリスクがある。また、その環境が変化すればスペシャリストとしての優位性も失われてしまう。

微生物の世界では、ジェネラリストこそが変化を乗り越える力である。そして、新たなスペシャリストを生み出す原動力となっている。この微生物の例から、生物の進化は一般的にはスペシャリストへの進化であると言えるが、まったく新しい進化を生み出すためには、ジェネラリストが必要であると考えられているのである。

戦略
3

ロゼット戦略

植物のロゼットは、ストレスに耐えるスタイルである。

寒い時期、暑い時期、乾燥する時期に植物はロゼットを作る。雑草の中には、踏まれたときや草刈りをされたときにロゼットで凌ぐものも多い。

雑草のロゼットが多く見られるのは、日本では冬である。

木枯らしの吹く冬の日、多くの人が背中を丸めて前かがみの姿勢で歩いている。これは、寒い外気に当たる部分をできるだけ減らす、すなわち、表面積を小さくするためである。体積あたりの表面積が最も小さい形は球である。だから、表面積を小さくするには、できるだけ球に近い形をするのがよい。

逆に、小春日和のポカポカした陽気の中ではどうだろう。伸びをするもよし、縁側や芝生の上なら、寝転ぶのもいい。誰もが体じゅうで太陽の光を浴びたいと感じるだろう。

我々人間は寒い日、暖かい日に応じて姿勢を変えることができるが、植物はこうはいかない。毎日ほぼ同じ姿勢である。冬の寒さは耐え難いが、太陽の光は思いっきり浴びたい。ましてや光合成を生活の糧とする植物にとって、光はまさに生命線である。寒さを避け、かつ太陽の光を受けるにはどのような姿勢がいいのだろうか。

それこそが、ロゼットである。

冬の土の上には、まるで、バラの花びらのように、雑草たちが放射状に広げた葉を重ね、地面にぴったりと張りついている。このスタイルは、ロゼットという胸飾りに似ていることから、「ロゼット」と呼ばれているのだ。

ロゼットの茎はごく短くほとんどないように見える。その短い茎に、密についた葉っぱを、地面にぴったりとつけている。外気に当たる面積は葉っぱのみ、それも表側だけである。つまり、外気に当たる面積は最低限にしている。そして、平身低頭の姿勢で吹きすさぶ寒風をやりすごすのである。

このロゼットは、越冬のスタイルとして相当機能的なのだろう。タンポポのようなキクの仲間、ペンペン草で親しまれるナズナのようなアブラナの仲間、月見草の異名を持つマツヨイグサの仲間など、花が咲けば似ても似つかないさまざまな種類の雑草が、見かけはそっくりなロゼットを作って冬を越している。試行錯誤の上、それぞれが進化して同じ形に行き着いているのである。

しかし、このロゼットは、けっして守りのスタイルではない。

そもそも、寒い冬の季節は土の中で種子として眠る方が暖かくリスクが少ない。それなのに、ロゼットは冬の寒い日にわざわざ葉を広げて光合成をしているのだ。

ロゼットは冬の寒い間も、葉を広げて光合成を続けている。そして、栄養分を地面の下の根っこに蓄えているのだ。

やがて、春になり、他の植物が種から芽生えるときにはどうだろう。

ロゼットを作っていた雑草は、蓄えた栄養分を使って一気に茎を伸ばし、いち早く花を咲かせることができるのである。

じつは、ロゼットを作る雑草は、雑草の中でも競争に弱い種類である。

他の雑草と競争しなくてもいいように、他の雑草が成長して、茂る前に花を咲かせて種子を残してしまうという作戦なのだ。

こう考えると、ロゼットを作る植物にとって、冬はけっして嫌な季節ではない。耐えなければならない季節ではない。他の植物が活動をせずに眠っている冬という季節があるからこそ、ロゼットを作る植物は成功しているのである。

戦略
4

アレロパシー戦略

独占状態になることが、はたして良いことなのだろうか。

競争戦略を説いたマイケル・ポーターは競争業者を潰すのではなく、良い競争業者と共存すべきであると指摘する。

「一人勝ちは許されない」

それが自然界の摂理なのだろう。それを教えてくれるのが、セイタカアワダチソウ〈口絵❼〉という雑草である。

セイタカアワダチソウは、アレロパシーを有する雑草として知られている。

アレロパシーというのは、化学物質を介して他の植物に影響を及ぼすことだ。

植物の世界の競争には、ルールもなければ道徳もない。何でもありである。そこで根から有毒な化学物質を出して相手に攻撃を与えるという化学兵器を用いる。これがアレロパシーである。

アレロパシーを有する植物の汁を、実験植物に与えると発芽や成長が抑制される。あるいは、他の雑草を枯らす効果が見られることもある。

まさに、他の植物にとっては、恐ろしい攻撃なのである。

セイタカアワダチソウは北アメリカから日本にやってきた外来の雑草で、日本の植物を次々に駆逐して、蔓延《まんえん》していった。

その要因が、セイタカアワダチソウが出すアレロパシー物質のせいであるとされたのである。

しかし、である。自然界に生きる多くの植物が、多かれ少なかれアレロパシー物質を持っていると考えられている。ただ、自然界でアレロパシーが問題になることはほとんどない。

そもそも、「化学兵器を使う」というと、ずいぶんと恐ろしい感じはするが、植物は病原菌や害虫から身を守るために、ありとあらゆる化学物質を出している。その化学物質で隣の植物を攻撃することがあるかも知れないが、それはお互い様だ。

互いに進化をしてきた隣の植物は、そんなことは百も承知だから、アレロパシー物質で枯れてしまうようなことはない。互いに化学物質で攻撃し合いながらも、バランスをとって生態系を作り上げているのである。

ところが、セイタカアワダチソウは海外からやってきた外来の雑草である。日本の植物にとって、セイタカアワダチソウが作り出すアレロパシー物質は未知のものであり、何の対策もとられていなかった。そのため、セイタカアワダチソウのアレロパシー物質によって、日本の植物は簡単にやられてしまったのである。

しかし、セイタカアワダチソウにとっては、それが終わりの始まりであった。

何しろ、セイタカアワダチソウにとってもライバルが次々に駆逐されていくというのは、初めての経験である。

蔓延したセイタカアワダチソウだらけになってしまうと、セイタカアワダチソウが出す有毒物質は、自らの発芽や成長も蝕《むしば》むようになっていった。そして、ついには、セイタカアワダチソウは自家中毒を起こし、衰退していったのである。

最近では、セイタカアワダチソウの一時ほどの大繁殖は見られない。もしかすると、日本の植物も耐性を身につけてきたのだろうか。ススキなどの在来植物に負かされているところもある。

じつは、セイタカアワダチソウは、原産地のアメリカでは野に咲く小さな花である。

むしろ、衰退しつつあるセイタカアワダチソウは、自らの姿を取り戻しているようにも見える。

自然界はバランスによって成り立っている。バランスが崩れれば、誰も生きていくことができない。

「一人勝ちは許されない」

それが、セイタカアワダチソウが示してくれた教訓なのである。

戦略 5 パラサイト戦略

ある生物が他の生物から栄養を奪い取って生きていくことを「パラサイト（寄生）」と言う。

人間の体内に巣くって栄養分を吸収している寄生虫がそうである。

植物の中にも寄生を行うパラサイト植物が存在する。

パラサイト植物は、自分では光合成をすることなく、他の植物から栄養分を奪い取って生きていく。何という図々しい生き方なのだろう。何というずるい戦略なのだろう。

もっとも、植物の世界の競争には、ルールも道徳もないから、何でもあり、である。自然界ではパラサイトも立派な戦略の一つだ。

それならば、自分で稼がなくても、相手に養ってもらえるパラサイト戦略は、とても魅力的で、有利な戦略にも思えるが、そうでもないところが自然界の面白いところだ。

実際に、パラサイト戦略をとる植物は多くないし、雑草では限られている。

代表的なパラサイトの雑草として知られているのが、ネナシカズラ〈口絵❽〉だろう。ネナシカズラは、その名のとおり、根がない。根もなければ葉もない。ただ、相手の植物に食い込んで栄養分を奪い取るのである。

自ら光合成をすることもないので、緑色ではなく、黄白色のひものような姿をしている。植物の葉の上に、黄色いナイロンひもや、ラーメンのようなものを見かけたら、それこそがネナシカズラである。ネナシカズラは獲物を狙うヘビのように、つるを這わしていく。そして、獲物に食らいつくと、牙のような寄生根をつぎつぎに出して獲物の体に食い込ませていくのである。

何という恐ろしい雑草なのだろう。

しかし、意外なことにネナシカズラは広がっていくことはない。ネナシカズラが生えていた場所を見ても、翌年には、なくなってしまっていることが多い。ネナシカズラは、けっして成功している雑草ではないのだ。

パラサイトも楽ではない。栄養分を奪い取れば、相手の植物は弱ってしまう。栄養分を奪い取られた植物は、競争力を失い、害虫が集まり、やがて枯れていく。そして、光合成をすることのできないネナシカズラも、そのまま枯れてしまうのだ。まさに相手頼みの一心同体なのだ。

自らは稼がず、相手のみを頼りにするのは、あまりにリスクが大きい。パラサイトで生きていくには、かなりの覚悟が必要だ。

そのため、自然界にはパラサイトの雑草は多くない。

ルールも道徳もない競争下であっても、パラサイトがけっして成功していないことは、ネナシカズラには気の毒だが、何だかホッとさせられる。

戦略

6

つる戦略

つるで伸びる「つる植物」は、有効な戦略を持つ植物だ。

つる植物というと、小学生が栽培するアサガオを思い浮かべるかも知れない。

アサガオの種を播くと、まず双葉が出る。そして本葉が一枚出る。ところが、観察日記をつけていると、その後が大変だ。アサガオは次々に葉をつけ、ぐんぐんつるを伸ばしていく。日記をつけるのを少しサボればあっという間に子どもたちの背丈を越えてしまうだろう。支柱さえ十分な長さがあれば、やがては家の屋根にまで達してしまうくらいだ。

この成長の早さこそが、つる植物の戦略である。

一般の植物は自分の茎で立たなければならないので、茎を頑強にしながら成長していく必要がある。ところが、つるで伸びる植物は、支えてくれるものさえあれば、自分の力で立たなくていい。

茎を頑強にする必要もないので、その分のエネルギーを成長に使うことができるのである。そして、短期間のうちに著しい成長を遂げることができるのである。

植物の世界では、どれだけ早く伸びることができるかが成功の鍵と言っていい。先手を打っていち早く成長することができれば、広々とした空間を占有し、存分に光を浴びることができる。

光合成を行う植物にとって日照権は生死にかかわる問題だ。後手を踏めば、他の植物に遮蔽されて、十分に光を受けることができない。もし、他の植物の陰に甘んずるようなことがあれば、成長のスピードはますます遅くなり、生存競争から取り残されてしまう。そして、日陰に生きる完全な負け組みとなってしまうのだ。

自然界には、アサガオの栽培に使用するような支柱はないから、他の植物に巻き付いたり、寄りかかったりして、伸びていくことになる。

他人の力を利用して上へ伸びる図々しい生き方で、つる植物はスピーディな成長を可能にした。まじめに自分の茎で立っている植物と比べると少しずるいようだが、つる植物の成長は群雄割拠《ぐんゆうかっきょ》の植物界にあっては、じつに効果的な戦略と言えるだろう。

Ⅲ

「雑草」という哲学

本書では、「雑草」と呼ばれる植物を取り上げて、「雑草の戦略」を紹介してきた。

それにしても、よくよく考えてみると「雑草」というのは、じつに不思議な言葉である。

そして、じつは日本は、そんな雑草を愛する不思議な国である。

何しろ、日本には「雑草魂」という言葉がある。

雑草は人間にとって邪魔者であり、敵である。しかし、そんな雑草の中に強さを見出しているのである。

そして、雑草は植物である。そんな植物の中に魂を見出しているのである。

雑草という日本語はじつに不思議な言葉である。そして、日本はとても不思議な国である。

私は、日本こそが「雑草の戦略」にもっともふさわしい国ではないかと考えている。

今、グローバル化の中で日本の企業が苦戦を強いられているという。

日本という国が「逆境」の中にいる。

日本という国が「変化」の中にいる。

そうであるとすれば、日本が雑草に学ぶことは少なくないはずだ。

じつは、日本人は古くから「雑草」を見つめ、「雑草」に学んできた。

この本の最後に、そんな雑草と日本人の話をしたいと思う。

第11章

雑草と日本人

日本にとっての「雑草」という戦略

■雑草の強さを愛する国

雑草は困り者である。やっかいな存在である。

それなのに、不思議なことに日本語には、「雑草魂」という言葉がある。あるいは、「雑草軍団」という言葉もある。

スポーツの世界では、エリートではない無名の努力家たちは「雑草軍団」と称されるのだ。「雑草」という言葉は、けっして悪口ではない。エリート軍団と雑草軍団が試合をした場合、日本人の多くは雑草軍団を応援してしまう。

雑草とは、悪者の存在であるはずなのに、日本人は「雑草」という言葉を良い意味にも使ってしまうのである。「あなたは、雑草のような人ですね」と言われると、どこかほめられたような気になるから不思議だ。

もちろん中には、「雑草」と言われて嫌な思いをする人もいるだろうが、「あなたは、温室育ちの人ですね」と言われるよりも、雑草と言われたい人の方が多いだろう。温室育ちの植物は、とても恵まれた環境で大切に育てられたエリートの植物である。しかし、日本人はエリートであるよりも、雑草であることを好むのである。

「雑草」がほめ言葉に使われたり、「雑草」と呼ばれて喜ぶのは、私が知る限り日本人くらいのものだろう。

たとえば、英語の「ウィード」という言葉には、良い意味はない。英語には「雑草は死なない（*Weeds never die*）」や「悪い雑草はすぐ伸びる（*Ill weeds grow apace*）」ということわざがあるが、これは「憎まれっ子世にはばかる」という意味である。

欧米人に「あなたは雑草のような人だ」と面と向かって言ったとしたら、間違いなく怒られることだろう。

■ヨーロッパには雑草はない？

そんな話を聞くと、欧米の雑草は生育が旺盛で、日本の雑草よりも厄介な存在なのではないかと思う人がいるかも知れない。しかし、実際は逆である。

和辻哲郎の著書『風土』の中に、「ヨーロッパには雑草はない」という言葉が出てくる。「雑草はない」と言い切ると、ずいぶんと乱暴な感じもする。

もちろん、彼がヨーロッパを知らなかったわけではない。それどころか、和辻哲郎は、ヨーロッパ留学中に丹念に自然や風土を観察した。その結果、たどり着いた答えが「ヨーロッパには雑草はない」だったのである。

日本は高温多湿で雑草が生えやすい気候である。そのため、草取りをサボればあっという間に、雑草だらけになってしまう。そんな日本と比べると、冷涼で乾燥したヨーロッパは「雑草がない」ようにさえ見えたのである。

日本の雑草は、ヨーロッパの雑草よりもずっと厄介な存在である。それなのに、日本人は雑草に悩まされながらも、どこか雑草に愛着を持ってきたのである。

■「雑草」は悪い草ではない

「雑草」とはどういう意味だろうか。

そもそも、「雑草」という言葉に悪い意味はない。「害草」や「悪草」ではないのだ。

雑草の「雑」は、「雑誌」や「雑学」と同じように、特別なものではない「さまざまな」ものを意味する言葉だ。「雑木《ぞうき》」や「雑魚《ざこ》」と同じように、悪いニュアンスはまったくないのだ。

じつは、「雑草が悪者である」という考え方は、明治時代に西洋からもたらされたものである。

西洋の人々は、善と悪を明確に区別する。

善良なものは神が人に与えたもうたものだ。一方、邪悪なものは悪魔が支配する。雑草は、悪魔のものである。だから邪悪なものなのだ。

善と悪は明確に異なる。そのため、裁判で善か悪かを審判しなければならないのだ。

一方、物事の表と裏は一体であり、良い部分と悪い部分もまた一体であるというのが、東洋的なものの考え方だ。

そのため、雑草にも良い面と悪い面があると考える。

たとえば、ヨモギは畑の雑草だが、草餅などの材料にもなる。雑草はやっかいだが、そのたくましさに魅せられ、「雑草魂」などと言ってみる。

これが日本人の雑草に対する考え方である。

私たちにしてみれば、良い部分と悪い部分があるのは当たり前のような気がする。

西洋では、草餅のヨモギのように、雑草を利用することはないのだろうか。

英語では、雑草は「ウィード」と言う。ウィードは邪悪な草であり、大麻《たいま》など麻薬になる植物もウィードと呼ばれる。もちろん、西洋も草を食用にすることはある。しかし、役に立つ草は、ウィードではなく、「ハーブ」と呼ぶ。

また、雑草の中には、薬草も多く含まれる。しかし、雑草から薬を作り出すような怪しげな技術は「魔術」と呼ばれ、薬草に詳しい人たちは「魔女」と呼ばれた。

善と悪は、完全に別なのである。

■「雑」という分類

日本人は、雑草を悪者だと考えていない。やっかいだと思っても、困り者だと思っていても、そこに「雑草魂」を見出すことができるのである。

西洋では、植物はアブラナ科、イネ科というように体系的に分類していく。そして、すべての植物が、どこかに分類されるのである。

自然は神が人間のために与えてくれたものであるから、人間がすべてを分類することができるのである。

一方、日本の分類は違う。

たとえば、繊維にするものは「麻《あさ》」と言う。麻と呼ばれる植物にはアサ科の大麻や、アオイ科の黄麻《こうま》、イラクサ科の苧麻《ちょま》、アマ科の亜麻《あま》などがある。

飲むものは「茶」と言う。私たちがよく知るツバキ科のチャの他にも、図鑑ではカワラケツメイと名付けられているマメ科の植物も「茶」である。あるいは、花祭りで飲む「甘茶」は、アジサイ科のアマチャから作られる。

このように使い方で分けているのである。

そんなことをしていたら、当てはまらない植物がたくさん出てきてしまうのではないか、と心配になる。ところが心配はいらない。当てはまらないものは、すべて「雑草」なのだ。

■イエスでもノーでもないもの

西洋の答えは、イエスかノーかである。じつに明確である。

賛成か、反対か。善か、悪か。それが西洋的な考え方である。

一方、日本人にとっては、物事には良い面と悪い面があると考えてしまう。イエスかと言われれば、そうでもないし、ノーかと言われても、そうでもない。

「どちらでもない」というのが、日本人の一番、落ち着く答えだ。

あいまいと言われれば、あいまいであるし、はっきりしないと言われれば、はっきりしない。

まさに「雑草」の「雑」の感覚である。

イエスかノーかを明確にすることができない日本人は、あいまいだと世界の批判を受けてきた。しかし、この「あいまいさ」こそが、日本人の武器である。

ある物事に対して、イエスと答えた人が二〇パーセント、ノーと答えた人が一〇パーセント。そして、多数決によって、イエスの意見の方が採用される。

これが善と悪を明確に分ける世界だ。

しかしよくよく見ると、イエスでもノーでも「どちらでもない」という人が七〇パーセントもいる。そもそも、答えはイエスとノーしかないのだろうか。物事というものは、表も裏もあり、善も悪もある。

雑草に良いところと悪いところがあるように、物事はあいまいなものなのだ。

■自然界に区別はない

近代的な科学を学んできた私たちには、イエスでもノーでもない世界というのは、もしかすると理解しにくいかも知れない。しかし、物事はすべてイエスとノーに分かれるわけではないし、きれいに境界が引けるわけでもない。

大地に境界はない。しかし、人々は境界のない大地に線を引いて、自分の国と隣の国を区別する。

富士山は、どこまでが富士山だろうか。

富士山のすそ野は広がっている。この大地に、ここからが富士山だという境界線はない。境界線がないのであれば、どこまでも富士山である。東京も大阪も富士山のすそ野とつながっている。

自然界にあるものに一切の境はない。境目というのは、分類し、理解をするために人間が勝手に定めたものに過ぎないのである。

たとえば、イルカとクジラは、どこが違うだろうか。

イルカとクジラは見るからに違うが、その境界は難しい。分類学では、単に大きさが三メートルよりも小さい種類をイルカ、三メートルよりも大きい種類をクジラと呼んでいる。生物学的にイルカとクジラの明確な違いがあるわけではないが、人間が勝手に線引きをしているのである。

分類とは、そういうものなのだ。

■科学は、区別し、比較し、理解する

西洋のキリスト教の世界観では、世界は神が創り上げたものである。神が創り上げた世界には、秩序が存在するはずである。その神が創った秩序を、明らかにしていくのが、西洋で生まれた自然科学である。

こうして、人々は自然を整理していった。

もっとも、キリスト教の発達した西洋では、高温多湿で草が生え、虫が湧く日本に比べると、生物の種類も少なく、生態系も単純である。そのため、自然の仕組みを整理しやすいという面もあったことだろう。

そして、自然を克服し、神が与えてくれた自然の産物を人類の幸福に活かすために、西洋では自然科学が発達を遂げていったのである。

人間の脳は、複雑なことを複雑なまま理解することはできない。そのため、単純化して整理して理解する必要がある。

物事を細分化して、区別して、比較する。これが科学の基本的な手法である。

こうして西洋人は、自然界を分類し、整理してきたのである。

■分類できない豊かさ

一〇種類の模様があったとすれば、形や色などで分類してみたくなる。分類をすれば、人間の脳は整理して理解しやすくなるのだ。

それでは、一〇種類どころか、何千、何万種類とあったとしたらどうだろう。こうなると、とても人間の頭では整理ができない。

じつは、日本の自然は多様である。そのため、日本人は西洋のような整理をしてこなかった。

たとえば、私たちが知る緑色と青色は、明らかに違う。

しかし、日本の伝統色では、緑色とも青色とも区別がつかない色がたくさんある。青色と緑色の境界はあいまいで、とても分けることができない。そのため、青葉や青菜という言葉に代表されるように、緑色と青色があいまいで、すべて「青」と呼ぶのである。

青と緑の区別がつかないのは、色を見る目がないからではなくて、色の種類が多すぎるからなのである。

西洋では、自然は比較的単純なので、人はそれを見ると区別をしたくなる。こうして、分類学が発展するのである。

複雑なものをできるだけ単純化して、理解していくという作業は、論理的な思考を発達させたことだろう。一方、日本は自然が豊かで生物が多様すぎる。その豊かさはとても、人間が整理できるものではない。だからこそ、日本では、分類学は進展してこなかったのである。

そして、整理できない「雑」が生まれたのだ。

■「あいまいである」ことをそのまま受け入れる

日本人はあいまいだ。日本人は論理的でない。日本人ははっきりしない。日本人は青色と緑色さえ区別がつかないし、雑草が良い草か悪い草かさえ決められない。

これが、西洋人から見る日本人である。

物事を分類し区別する西洋人からすると、日本人は、ずいぶんともどかしく、ずいぶんと理解不能な人たちなのだろう。

何しろ、現在は、科学至上主義である。

日本人のあいまいな考え方は、「科学的」で「論理的」な思考とそぐわない。

しかし、科学が万能かといえば、そうではないというのが、二一世紀を生きる私たちが感じ始めていることだ。

自然界の事象は、私たち人間が簡単に理解できるほど単純ではない。単純化することによって理解できることもあるが、単純化することによってわからなくなってしまうこともある。単純化することで、間違ってしまうこともある。

どんなに科学が発展し、科学の手法を駆使しても、証明できないものは証明できないのだ。科学には力があるが、限界もある。

自然界は単純ではない。本当は、あいまいでわからないことが多いのだ。

あいまいなものを「あいまいである」と理解した方が、正しいこともあるはずなのだ。

「あいまいである」ことを恥じる必要があるのだろうか。

■お婆さんの植物学

山村の、あるお婆さんを訪ねたときのことである。

そのお婆さんは、野山に生えるあらゆる植物を知っていて、次々に名前を教えてくれる。

私は、道ばたによく目立つ花を咲かせている植物を指さして、その名前を聞いてみた。するとお婆さんはこう答えたのである。

「それかい。それはね、雑草だよ」

お婆さんは、食べられる草や暮らしの中で使う植物は、すべて知っている。しかし、それ以外の植物は「雑草」である。「その名前は知らない」のではない。お婆さんにとってそれは「雑草」なのだ。

自然界に区別はない。だから、何の仲間の何科の植物と区別して分類する必要はない。道ばたに生えている雑草が、良い草なのか、悪い草なのかもわからない。もしかすると、生態系の中では重要な役割を果たしているかも知れない。しかし、複雑な自然は人間には理解できないから、理解もしない。お婆さんにとって雑草は「雑草」でしかない。それがすべてである。それこそが、豊かな自然の中で育んできた、日本人の自然観なのである。

日本には、西洋の「ハーブ」のように「良い草」を意味する言葉もなければ、「ウィード」のような「悪い草」という言葉もない。

その代わり、ただ「雑草」という言葉があるのである。

■雑草を家紋にする

しかし、雑草は取るに足らない植物でもないところが、面白いところだ。何しろ、日本には「雑草魂」という言葉がある。

興味深い事例では、雑草を家紋にしている例がある。

たとえば、日本の五大紋の一つに「片喰紋《かたばみもん》」と呼ばれる家紋がある。片喰紋は、ハートを三つ組み合わせたようなデザインで、均整の取れた美しい家紋である。

この片喰紋は、古くから人気が高く、特に、戦国武将が好んで用いていた。

しかし、不思議なことがある。

片喰紋のモチーフとなったカタバミ〈口絵❷〉という植物は、わずか数センチの小さな花を咲かせる雑草である。しかもカタバミは、草取りをしても、種子を播き散らして増えていくやっかいな雑草である。

家の格を重んじ、血縁を大切にした戦国武将にとって、家のシンボルである家紋はとても大切なものである。それなのに、どうして取るに足らない嫌われ者を家紋にしたのだろうか。しかも、その家紋が、人気があったというのだから、本当に不思議である。

戦国武将にとって、もっとも大切なことは戦に勝つことではなく、厳しい戦国の世をしぶとく生き抜くことである。そして、家を絶やすことなく存続させることにある。

カタバミは、小さな雑草ながら、抜かれても抜かれても、しぶとく種を残して広がっていく。戦国武将たちは、そのカタバミに家の存続と子孫繁栄の願いを重ねたのである。

あるいは、田んぼの雑草のオモダカをモチーフにした「沢瀉紋《おもだかもん》」も、戦国武将に人気の家紋であった。その葉の形が矢じりに似ていることから「勝ち草」と呼ばれていたのである。しかし、コメが大切な昔に、田んぼの雑草を縁起が良いという発想はすごい。

日本人は、他愛もなく思える小さな雑草に「強さ」を見出していたのである。

■小さな植物に強さを見出す

そういえば、日本の家紋は、植物をモチーフとしたものが多い。

一方、ヨーロッパの紋章を見ると、ワシやドラゴン、ライオン、ペガサス、ユニコーンなど、いかにも強そうな生物がモチーフとなっている。

もちろん、西洋でも植物が図案として用いられることはある。

ただし、紋章に使われるのは、どれも高貴で気高い花である。たとえば、ルイ王家の紋章はユリの花であるし、フランス王家ではアヤメの花の紋章も用いられる。また、イギリ

雑草は家紋のモチーフにもなった

片喰紋

沢瀉紋

ス王家の紋章はバラの花である。

　これに対して、日本人は王族である皇族の紋章は「キク」である。また、三〇〇年に渡って将軍家であった徳川家の家紋は、「三つ葉葵」だった。この三つ葉葵のモチーフは、林の地面に生えるフタバアオイという地味で目立たない植物である。

　日本にだってクマやタカなど強そうな生き物はいるし、獅子や虎を使ってもいい。鬼でも龍でも強そうなモチーフはたくさんある。それでも、日本人は、家紋では小さな植物をシンボルとしているのである。見るからに強そうな生き物ではなく、ひっそりと咲く植物に、日本人は強さを見出してきた。

「強さ」とは何か、昔の人たちは、現代の我々よりずっとよくわかっていたのかも知れない。

■小よく大を制す

強い者が勝つのではない。大きい者が強いわけでもない。
本書のはじまりは、「小よく大を制す」という言葉であった。
日本人は、この言葉が好きである。
「小よく大を制す」「柔よく剛を制す」
力で勝負するのではなく、力を受け流す。これが雑草の基本戦略である。
雑草の戦略を語るとき、私は日本人のことを思わずにいられない。
日本人は、雑草の強さを知っている。
そして日本人は、「雑草」とよく似ている。
日本には「判官《ほうがん》びいき」という言葉がある。
高校野球を見るときも、郷土のチームや贔屓チームでなければ、とりあえずは負けている方を応援してしまう。選りすぐりの強豪のエリート集団よりも、弱小の雑草軍団に声援を送ってしまう。そして敗者に、勝者以上の拍手を送るのである。

勝者やヒーローよりも、「雑草」に心惹かれてしまうのだ。

日本の武芸である大相撲では、小兵の力士が、巨漢の力士を破れば、拍手喝采だ。

日本人が愛する「強さ」は、体が大きく筋肉隆々で「いかにも強そう」という強さではない。小さい体が、技を繰り出し勝利するのが、日本人の好きな強さなのである。

まさに、本書で紹介してきた「雑草の戦略」そのものではないだろうか。

■変化を乗り越える日本人

雑草は、「逆境」と「変化」をプラスに転じて、強さに変えていった。

日本は、変化を好む国である。不安定さに価値を見出す国である。

そう聞くと、そんなことはないと反論される方もいるだろう。日本は島国で、国境を変えるような大きな戦乱もないし、革命もない。

しかし、日本の自然は不安定である。

松尾芭蕉は「夏草や兵《つわもの》どもが夢の跡」と詠《よ》んだ。

何しろ、日本は雑草の生育が早い。

栄華を誇った都も、やがて雑草が生い茂り、荒れ果てる。人々が血を流した戦場も、雑草が覆い、緑の大地となる。

花は咲き、花は散る。草は生い茂り、風景を変貌させていく。

日本の自然は常に変化をしていく。そして、風景もまた変化をしていく。二度と同じ時が戻ってくることはない。日本の自然や風景を眺めていれば、そのことは肌でわかる。

松尾芭蕉は夏草に、時が移り人の世が変化していく様を見た。そして、人の世のはかなさを詠んだのである。

常に変化していく自然。そんな自然を見たときに、人々は刹那《せつな》を感じずにはいられない。「今」の大切さを感じずにはいられない。

日本人は安定ではなく、変化する不安定さの中に価値を見出してきたのである。

仏教では、「諸行無常」と説く。

諸行無常とは、「この世に形あるすべてのものは、不定であり、たえず変化している。同じ状態を保っているものはない」という意味である。

仏教の教えは、日本人にとっては、じつに腑に落ちる話である。それは、雑草が生い茂る自然の中に生きる日本人が日々、感じてきたことだったのである。

大きな変化を乗り越える

そして、日本の自然には、とてつもなく大きな変化がある。

「天災」である。

日本は世界でも稀に見る天災の多い国である。今に続く日本の歴史の中で、私たちの祖先は幾たびもの災害に遭遇し、それを乗り越えてきた。

科学技術が発達した二一世紀の現在でさえも、私たちは災害を避けることはできない。毎年のように日本のどこかで水害があり、毎年のように日本のどこかで地震の被害がある。現在でもこれだけの被害があるのだから、防災設備や予測技術がなかった昔の日本であればなおさらだろう。

大きな変化が起きたとき、日本人は強さを発揮する。

東日本大震災のときに、日本人はパニックを起こすこともなく、秩序を保ち長い列を作った。そして、助け合い、支え合い天災を乗り越えたのだ。

そして、変化を乗り越えるたびに日本は強くなっていく。

逆境を力に変える。変化を力に変える。

それこそが、この国の「強さ」なのである。


見かけの強さや大きさではない。

これこそが、日本人が知る「強さ」である。


逆境の時代なのだとすれば、それこそが私たちの強さである。

変化の時代なのだとすれば、それこそが私たちの強さである。


私たちは雑草の強さを知っている。

そして、雑草から強さを学ぶことができるのだ。

本書は、雑草の戦略を著した本である。まさか雑草から戦略を学ぶなんて、世界の人たちは思いもつかないことだろう。


日本こそ、雑草に戦略を学ぶことのできる国である。

そして、「雑」の哲学を持つ国なのである。

おわりに――本当の雑草魂

踏まれても、踏まれても、立ち上がれ。

つらいことがあっても、歯を食いしばって立ち上がるんだ。

「雑草魂」と聞くと、多くの人が「踏まれても立ち上がる」というイメージを持つことだろう。

しかし、本書を読み終えた皆さんは、もう、おわかりのはずである。

雑草の生き方はそんな根性論ではない。雑草の生き方は、もっと合理的で戦略的なのだ。

すでに本書で紹介したように、「雑草は踏まれても立ち上がる」というのは誤りである。

もしかすると、一度踏まれたくらいであれば、雑草は立ち上がってくるかも知れないが、何度も踏まれれば、もう雑草は立ち上がろうとしない。

「雑草は踏まれたら立ち上がらない」というのが、本当の雑草魂なのだ。

雑草にとって大切なことは種子を作ることである。

だからこそ、雑草は踏まれても立ち上がるという無駄なことはしない。踏まれながら、いかにして種子を残すかに全力を尽くすのだ。

それが逆境を生きる雑草の戦略である。

予測不能な変化を生きる雑草の戦略である。

「大切なことを見失わない」

これこそが、本当の雑草魂なのだ。


頭がいいと威張っている人でも、逆境の時代だと、あわてて立ち上がろうとばかりする。予測不能な変化だと、動転して、大切なことを見失ってしまう。

しかし、雑草を見てほしい。そして、雑草の戦略を見つめてほしい。

逆境の時代であるとすれば、予測不能な変化の時代であるとすれば、今、私たちにとって「変えてはいけない大切なもの」とは何なのだろうか。

雑草たちは、そう問いかけているような気がする。

◇　◇　◇

なお、本書の内容は、ビジネス支援企業「V-COMON」主催のセミナーや勉強会を通じ、さまざまな企業の皆さんと日本のビジネス戦略について議論を重ね、磨いてきたものです。V-COMONの嶋内敏博さん、田村義晴さん、佐相秀幸さん、また、議論に参加いただいた企業の皆さんにお礼申し上げます。

最後に、本書を刊行する機会をいただき、編集にご尽力いただいた日本実業出版社の細野淳さんに謝意を表します。ありがとうございました。

カバーデザイン／井上新八
本文デザイン・DTP ／初見弘一

取材協力：V-COMON 株式会社

日本の上場企業と外資系企業の上級役員経験者を中心に、約 200 名のビジネスエクゼクティブの人脈・経験・知識を、総合力として顧客に提供しているビジネス支援企業。

さまざまな分野の企業のビジネスを実践的に支援するサービスは高く評価されている。

稲垣栄洋（いながき　ひでひろ）
1968年静岡県生まれ。静岡大学大学院農学研究科教授。農学博士。専門は雑草生態学。岡山大学大学院農学研究科修了後、農林水産省に入省、静岡県農林技術研究所上席研究員などを経て、現職。
著書に、『生き物の死にざま』『スイカのタネはなぜ散らばっているのか』（いずれも草思社）、『はずれ者が進化をつくる』『たたかう植物』（いずれも筑摩書房）、『弱者の戦略』（新潮社）、『徳川家の家紋はなぜ三つ葉葵なのか』（東洋経済新報社）、『世界史を大きく動かした植物』（PHP研究所）など多数。

「雑草《ざっそう》」という戦略《せんりゃく》
予測不能《よそくふのう》な時代《じだい》をどう生《い》き抜《ぬ》くか

2020年 8月 1日　初版発行

著　者　稲垣栄洋
発行者　杉本淳一

発行所　株式会社日本実業出版社　東京都新宿区市谷本村町3-29 〒162-0845
大阪市北区西天満6-8-1 〒530-0047
編集部 ☎03-3268-5651
営業部 ☎03-3268-5161　振　替　00170-1-25349
https://www.njg.co.jp/

印刷／理想社　製本／若林製本

この本の内容についてのお問合せは、書面かFAX（03-3268-0832）にてお願い致します。
落丁・乱丁本は、送料小社負担にて、お取り替え致します。

ISBN 978-4-534-05792-1　Printed in JAPAN

日本実業出版社の本

なりたいように なりなさい

小林照子
定価本体1400円(税別)

「やりたいことが後回しになる」「やりたいことがわからない」という人へ。85 歳の現役美容家が自分の可能性をあきらめずに、「大事なものを選んで育てる」生き方のコツを教えます。

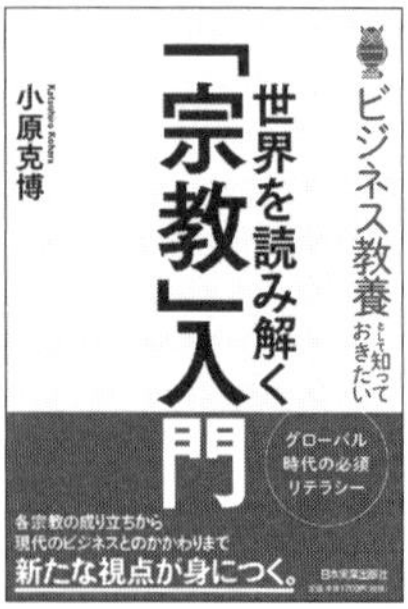

ビジネス教養として知っておきたい
世界を読み解く「宗教」入門

小原克博
定価本体1700円(税別)

グローバル時代のビジネスパーソンが知っておくべき、世界の各宗教の基本的な考え、押さえておきたいことなどを解説。仕事にも生かせる宗教に関する知識や知恵も紹介します。

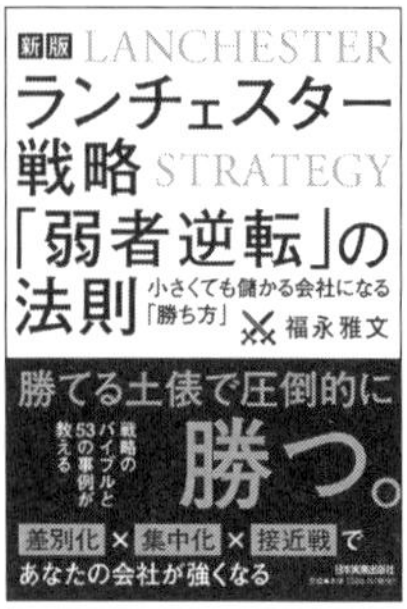

新版　ランチェスター戦略 「弱者逆転」の法則

福永雅文
定価本体1500円(税別)

小が大に勝つ「弱者逆転」の法則を 53 もの豊富な事例を用いて解説。ランチェスター戦略の真髄と成果の上がる実践法がわかります。“勝ち残りたい”中小企業経営者・ビジネスリーダー必携の書！

定価変更の場合はご了承ください。